# A ERA DO DIREITO POSITIVO

*Reflexões sobre Política, Estado, Sociedade e Direito*

CONTRACORRENTE

JOÃO ANTONIO DA SILVA FILHO

# A ERA DO DIREITO POSITIVO

## *Reflexões sobre Política, Estado, Sociedade e Direito*

2ª edição

São Paulo

2019

CONTRACORRENTE

Rua Dr. Cândido Espinheira, 560 | 3º andar
São Paulo - SP - Brasil | CEP 05004 000
www.editoracontracorrente.com.br
contato@editoracontracorrente.com.br



**Dados Internacionais de Catalogação na Publicação (CIP)**
**(Ficha Catalográfica elaborada pela Editora Contracorrente)**

S586 SILVA FILHO, João Antonio da.
A era do direito positivo: reflexões sobre política, Estado, sociedade e Direito | João Antonio da Silva Filho - São Paulo: Editora Contracorrente, 2019.

ISBN: 978-85-69220-57-2

Inclui bibliografia

1. Direito. 2. Filosofia do Direito. 3. Ciência Política. 4. Democracia. I. Título.

CDU: 340.12

Impresso no Brasil
*Printed in Brazil*

# SUMÁRIO

# APRESENTAÇÃO

Apresentar em poucas palavras a última obra do colega João Antonio da Silva Filho pode não fazer jus ao esforço intelectual do autor na produção do seu longo texto. *A Era do Direito positivo – Reflexões sobre Política, Sociedade, Estado e Direito* revela, já em seu título, as tensões que perpassam os debates acadêmicos na área jurídica. Ao denotar um período histórico pela prevalência do Direito positivo, o autor parece insistir no inglório esforço de síntese que marca a ciência do Direito desde o século XIX. No entanto, ao enfrentar a fragmentação dos interesses e a incorporação do conflito no ordenamento jurídico, o autor revela a dificuldade de uma obra teórica fechada e nos propõe reflexões sobre a Política, a Sociedade, o Estado e o Direito, indicando, já de início, o caminho de investigação que propõe no livro.

João Antonio pensa o Direito como homem público, a partir de uma trajetória que começa na militância política nas comunidades de base da Igreja Católica e na área sindical, que passa pela construção de um partido político popular e de massa, e que culmina no exercício da função legislativa, seja como Deputado Estadual por São Paulo, seja como Vereador na cidade que o adotou. Além disso, traz a experiência do Secretário Municipal que, no exercício de uma função executiva, teve como responsabilidade principal construir os consensos necessários para a aprovação dos projetos de interesse da cidade no Parlamento. E, por fim, incorpora a reflexão do Conselheiro do Tribunal de Contas que, no exercício independente da função fiscalizadora, tem como missão zelar, entre outras coisas, pela higidez do ordenamento jurídico e do Direito positivo.

Fica claro que, na sua longa trajetória pública, o autor sempre teve contato direto com a matéria bruta da sua reflexão, procurando refiná-la nos bancos acadêmicos, onde obteve o título de mestre em Filosofia do Direito com dissertação sobre sua principal referência teórica, o jusfilósofo italiano Norberto Bobbio. Sublinhar o percurso de vida do autor não significa, no caso do João Antonio, uma simples digressão sobre sua biografia e itinerário de formação. Trata-se de valorizar a obra que ora se apresenta como o esforço de reflexão de um militante político que forja sua consciência no processo de luta pelo Direito e que tenta expressar, em um momento mais maduro da sua vida, uma visão particular sobre o fenômeno jurídico a partir de uma leitura singular que ilumina os marcos do positivismo com reflexões sobre a Política, a Sociedade e o Estado.

Boa leitura!

*Luís Fernando Massonetto*

Professor Doutor de Direito Econômico
da Universidade de São Paulo

# INTRODUÇÃO À 2ª EDIÇÃO

Com prazer, trago ao público a 2ª edição desta obra, cujas provocações filosóficas não pretendem o consenso. Seu objetivo é alimentar inquietações, questionamentos e incentivar o contraditório como instrumento do novo.

O ponto de partida deste trabalho é um conceito filosófico de premissa instigante, da lavra do pensador francês Gilles Deleuze (1925-1995): na vida tudo é diferente e tudo é uma constante repetição. Diferente porque nada se repete com o exato conteúdo da coisa ou do fato anterior e, repetição, porque vivemos de referenciais. Os feitos positivos ou negativos são paradigmas para as criações futuras – que não deixam de ser uma repetição aperfeiçoada daquilo que no passado já foi presente.

Deleuze nos alerta que o ciclo de criação só é possível quando se tem um conceito preciso do objeto de análise, pois não notaríamos as repetições e muito menos as diferenças sem um conceito exato da coisa ou do fato em questão.

No processo dialético, filosofar é criar conceito para projetar algo novo. Um novo nascido do contraditório que é, necessariamente, diferente. É o velho, questionado e contraditado, servindo de modelo para o novo. E um novo ciclo movimenta as inevitáveis e progressivas transformações.

Foi pensando em contradição, transformação, novidade e perenidade que escolhi para este livro o título *A Era do Direito positivo – Reflexões sobre Política, Estado, Sociedade e Direito*.

Entendo a Política e o Direito como ciências interdependentes. A Política é a forma que os indivíduos encontraram para viabilizar a organização coletiva harmoniosa. Harmonia, sinônimo de "equilíbrio, ordem, acordo, concórdia, consonância, entendimento ou conciliação", diz tudo em matéria de desejo coletivo.

O Direito, em particular a vertente "Direito positivo", é o instrumento que a sociedade maneja paralelamente ao poder político para a busca constante da convivência harmônica na sociedade. No fundo, o Direito positivado – ou 'códigos' especialmente – com direitos fundamentais constitucionalizados, é o que viabiliza o pacto social que propicia a todos o princípio da segurança jurídica.

Nesta obra o leitor encontrará uma abordagem direta sobre positivismo jurídico, Política, democracia, Estado, cidadania, Direito, constitucionalismo e justiça.

Abro o primeiro capítulo conceituando a Política, traçando um paralelo comparativo do significado e da origem do termo com seu conceito nos tempos contemporâneos. Na conclusão do capítulo, acompanho a corrente doutrinária que a vê como uma atividade inerente à sociabilidade humana. Não há Estado nacional cuja organização ocorra apartada da Política.

Os temas democracia e cidadania são abordados para justificar a explícita defesa que faço do Estado Democrático de Direito. Nos tempos contemporâneos não é possível tergiversar: o Estado Democrático de Direito é o melhor formato de organização estatal que a humanidade construiu para organizar a sua complexa diversidade social. Em uma escala progressiva, este modelo de organização faz a diferença no plano geopolítico, sendo um fator motivador para a construção de ambientes politicamente saudáveis entre as Nações.

É fato que não se pode falar de democracia sem abordar o conceito de cidadania, pois não existe democracia sem cidadãos livres, limitados apenas pelo autodesejo de pactuar regras de convivência capazes de viabilizar a vida em comunidade.

Trago ao debate um conceito de Estado que vai além do clássico modelo centrado no trinômio "povo, território e soberania". Procuro ampliar uma reflexão sobre o papel do Estado moldado pelo constitucionalismo contemporâneo, palco da concretização dos direitos fundamentais como a resultante do anseio social na busca constante por justiça.

A partir do estudo de obras de diversos autores, de diferentes matizes ideológicos e com expectativas de mundo diferenciadas, procuro oferecer um panorama de ideias com relativa amplitude. Embora atribua valor natural à chamada "neutralidade científica", adianto que, nesta obra, aplico boa dosagem de visão particular sobre os temas abordados. Por óbvio, não alimentaria a pretensão de apresentá-la como sendo única e absolutamente verdadeira.

Vivemos uma realidade social dominada pelo pragmatismo: a obsessão dos ricos pelo acúmulo sem limites de bens materiais para a "garantia da felicidade" e a necessidade dos pobres na constante "luta pela sobrevivência". Nesse ambiente dualista, vejo a necessidade de forçar uma reflexão mais ampla e mais complexa sobre os temas centrais desta obra como forma de introduzir o debate sobre valores.

Não há Estado sem uma sociedade organizada. Não há sociedade organizada de modo harmonioso sem valores morais e culturais modelando as condutas dos indivíduos. Por fim, é impossível a organização sem normas do Direito balizadoras de condutas aceitáveis.

Para esta nova edição, eu acrescentei um novo capítulo com dois textos. Ambos aprofundam a discussão sobre os rumos da democracia no mundo frente à crise de representatividade dos modelos tradicionais de organização na sociedade informacional.

Que leitores e leitoras sintam-se num ambiente de provocação filosófica ao lerem esta obra. Convirjam e divirjam, contraditem e repensem o aqui feito. Este é o objetivo deste livro.

Esta é a intenção. Este é o caminho que tracei. Boa leitura!

*João Antonio*

São Paulo, 2019

# CAPÍTULO I
# A POLÍTICA

> O homem é, por sua natureza, como dissemos desde o começo ao falarmos do governo doméstico e do dos escravos, um animal feito para sociedade civil. Assim, mesmo que não tivéssemos necessidade uns dos outros, não deixaríamos de desejar viver juntos. Na verdade, o interesse comum também nos une, pois cada um aí encontra meios de viver melhor. Eis, portanto, o nosso fim principal, comum a todos e cada um em particular. Reunimo-nos, mesmo que seja só para por a vida em segurança. A própria vida é uma espécie de dever para aqueles a quem a natureza a deu e, quando não é excessivamente cumulada de misérias, é um motivo suficiente para permanecer em sociedade. Ela conserva ainda os encantos e a doçura neste estado de sofrimento, e quantos males não suportamos para prolongá-la! (Aristóteles)[1]

## 1.1 A POLIS COMO ESPAÇO DE ORGANIZAÇÃO COMUNITÁRIA

Não existe uma data precisa de quando se formou a primeira sociedade politicamente organizada, entendida como uma relação assimétrica em que um, ou alguns, governam e a grande maioria é

[1] ARISTÓTELES. *A Política*. São Paulo: Martins Fontes, 2006, p. 53.

governada. Como escreve Nelson Nery Costa, este período *pode ter sido em Jericó, na Palestina, onde se encontrou uma velha muralha de pedra, dez mil anos atrás, supondo-se ter abrigado três mil habitantes*[2].

A diferença é que antes a organização se dava em aldeias, tribos ou clãs. Neste período o chefe só se mantinha no comando se, de fato, representasse os interesses de todo o seu grupo. Nelson Nery, na obra citada, fala de outras cidades da Palestina que inauguraram formas de organização e também no Egito. Pelos registros fragmentados pesquisados, tais experiências resultaram em grande concentração de poder e exteriorizaram uma profunda diferenciação social, em que a maioria produzia para uns poucos viverem confortavelmente.

A história indica a existência também de sociedades políticas organizadas no subcontinente indiano, na China e na Mesoamérica. Estas experiências apresentavam uma característica semelhante: um modo verticalizado de organização comunitária. Até onde os registros históricos nos permitem analisar com maior precisão, o alvorecer de modelos definidos de organizações políticas, com repercussões para além do seu tempo, foi mesmo na Grécia Antiga, na chamada *Polis* grega[3] – cidade-estado. Inicialmente, estas foram governadas por monarquias, depois sucedidas por governos aristocráticos e com algumas experiências democráticas, como foi o caso de Atenas.

Estes experimentos de organização social projetaram para a humanidade uma nova maneira de ver a Política. A ideia de atribuir ao sobrenatural tudo aquilo que fugia ao alcance do raciocínio humano perde importância na conformação do saber filosófico. Os registros do pensamento filosófico vivido na Grécia Antiga demonstram que a mitologia e a força dos deuses, utilizadas por um longo período como meio de legitimação do poder, cedem, paulatinamente, espaço à razão. Esta introduz no formato de pensamento humano

---

[2] COSTA, Nelson Nery. *Ciência Política.* Rio de Janeiro: Forense, 3ª ed., 2012, p. 1.

[3] COSTA, Nelson Nery. em sua obra Ciência política, fala de *an passant* das experiências inaugurais de sociedades políticas em diversos continentes. Rio de Janeiro: Forense, 3ª ed., p. 2.

novos conceitos de virtude, de justiça, de verdade, de equidade e de juízo de ponderação.

A partir de uma composição da ideia *a priori* e do empirismo, conclui-se em formulações filosóficas impulsionadoras da própria organização política que faz nascer a *Polis*, embrião daquilo que, no seu processo evolutivo, originou o conceito do que hoje chamamos de Estado.

Atenas, sem dúvida, foi a cidade que mais contribuiu para a construção do que chamamos de Ciência Política. A experiência das Ágoras, o "povo" decidindo em praça pública, em que pese o reduzido número de cidadãos credenciados a participar das assembleias, representou um feito que rompeu com paradigmas tradicionais e forçou profundas mudanças no modo de ver o papel do "Estado", dos seus dirigentes e, principalmente, na relação governo e governados.

Para uma época em que o inexplicável, aquilo que fugia à esfera da percepção humana, virava "responsabilidade dos deuses", o estabelecer de um padrão racional para a arte de governar foi um feito que marcou a história da humanidade – com forte repercussão futura.

Norberto Bobbio, em sua clássica obra "Estado, Governo e Sociedade", cita um discurso de Péricles (429 a.C.), grande orador antigo, um dos líderes da democracia ateniense. Nesse discurso, que reproduzo abaixo, ainda no século 500 a.C. o tribuno abordou temas como direitos dos cidadãos, igualdade formal, a importância de uma lei maior pactuada (hoje Constituição), respeito àqueles que ocupam postos de comando e a contrapartida destes para com seus cidadãos. Eram assuntos considerados de importância vital para aquele experimento democrático.

Uso a referida citação para demonstrar que há progresso da humanidade em relação aos temas objeto deste livro. É fato, no entanto, que conceitos e aperfeiçoamentos ainda são alvos de grandes disputas ao longo da história, destacadamente, nos tempos atuais.

Leia a seguir um trecho do discurso de Péricles à época:

> Temos uma Constituição que não emula as leis dos vizinhos, na medida em que servimos mais de exemplo aos outros do que de imitadores. E como ela é dirigida de modo a que os direitos civis caibam não a poucas pessoas, mas à maioria, ela é chamada de democracia: diante das leis, naquilo que diz respeito aos interesses privados, a todos cabe um plano de paridade, enquanto no que diz respeito à consideração pública na administração do Estado, cada um é escolhido conforme tenha se destacado num determinado campo, não por ser proveniente de uma determinada classe social, mas, sim, por aquilo que vale. E, no que diz respeito à pobreza, se alguém é capaz de fazer algo de bom para a cidade, não será impedido de fazê-lo pela obscuridade de sua posição social. Conduzimo-nos livremente nas relações com a comunidade e em tudo o que diz respeito à vida privada dos nossos concidadãos, sem nos ressentirmos com os nossos vizinhos se ele age como lhe apraz e sem fazermos reprovações, que embora inócuas, lhe causaria desgosto. Ao mesmo tempo em que evitamos ofender os outros em nosso convívio privado, em nossa vida pública estamos impedidos de violar as leis sobretudo por causa de um temor reverente, em obediência aos que estão nos postos de comando e às instituições destinadas a proteger os que sofrem injustiças, e em particular às leis que, embora não escritas, trazem os transgressores uma desonra por todos reconhecida.

## 1.2 A ETIMOLOGIA DOS TERMOS POLÍTICO E POLÍTICA *(POLITIKÓS E POLITIKÉ)*

Mesmo reconhecendo que a Grécia não foi a pioneira na forma de organização política vivenciada pelos antigos, atribui-se àquela sociedade a etimologia da palavra *Política*. Como afirma Aristóteles em sua obra – A Política[4]: "*A sociedade que se formou da reunião de várias aldeias constitui a Cidade, que tem a faculdade de bastar a si mesma, sendo organizada não apenas para conservar a existência, mas também para buscar o bem estar*".

---

[4] ARISTÓTELES. *A Política*. São Paulo: Martins Fontes, 2006, p. 4.

Veja que o termo *Política* tem origem na *Polis* que, para os antigos, quer dizer cidade, daí o termo *Politiké*, que significa "Política em Geral", e *Politikós*, que busca classificar aqueles cidadãos cuja ação é a arte de fazer Política. *Politiké* (Política) então ganha, já na sua origem, o desígnio de se tornar instrumento da organização da sociedade no sentido facilitador de uma melhor convivência harmoniosa de todos os moradores da *Polis*. Na obra citada acima, o *estagirita* deixa bem claro tanto a origem do termo quanto o seu significado prático, ao afirmar[5]:

> (...) As sociedades domésticas e os indivíduos não são senão as partes integrantes da Cidade, todas subordinadas ao corpo inteiro, todas distintas por seus poderes e suas funções, e todas inúteis quando desarticuladas, semelhantes às mãos e aos os pés que, uma vez separados do corpo, só conservam o nome e a aparência, sem a realidade, como uma mão de pedra. O mesmo ocorre com os membros da cidade: nenhum pode bastar-se a si mesmo. Aquele que não precisa dos outros homens, ou não pode resolver-se a ficar com eles, ou é um deus, ou um bruto. Assim, a inclinação natural leva os homens a este gênero de sociedade.

Com o passar do tempo as palavras também sofrem adequações. Estes efeitos polissêmicos influenciam os significados das palavras e, por consequência, os conceitos das coisas e dos fatos. Estas mutações ou adequações linguísticas têm como consequência formatar os ajustes históricos e, junto com eles, forjar novos conceitos que registram os fatos e promovem a evolução histórica. Faz bem aos amantes do saber, principalmente em se tratando de ramos das ciências que envolvem certos graus de subjetividade, como é o caso da Política, acompanhar a evolução histórica dos fatos, bem como o seu significado em cada época.

No caso da Política e do seu significado etimológico, como se pode notar, nas variáveis e evoluções históricas, mudaram comportamentos, mas estes não tiveram o condão de alterar aquilo que ela tem de fundamental – o seu conceito. A Política, nos tempos contemporâneos,

[5] ARISTÓTELES. *A Política*. São Paulo: Martins Fontes, 2006, p. 5.

continua sendo a expressão de uma sociedade política organizada, como nos tempos antigos.

De fato, o que mudou foi sua complexidade. Na contemporaneidade, a Política, na sua essência científica, é um meio pelo qual as forças sociais que atuam em um determinado Estado se articulam para *disputar, conduzir, controlar* e, para aqueles que conseguem alcançar seus objetivos, *manter-se no poder*. Se antes, como vimos nas definições aristotélicas, a Política era o que definia a organização da vida nas cidades em todos os seus aspectos, nos tempos contemporâneos continua a ser a principal forma de organização dos chamados Estados nacionais.

## 1.3 POLÍTICA PARA ALÉM DOS ESPAÇOS ESTATAIS E PARTIDÁRIOS

Entendo que na contemporaneidade o conceito de Política passa por uma ampliação. Fazendo um desdobramento deste conceito clássico e amplo da Política, pode-se dizer que esta se estende para toda e qualquer iniciativa organizacional associativa independente do Estado.

Como se sabe, principalmente nos Estados Democráticos, indivíduos se juntam em associações diversificadas. Associar-se é um meio eficaz para o indivíduo romper seu isolamento e, de modo mais eficiente, alimentar suas expectativas positivas de um viver melhor. Tais organizações – sindicatos, segmentos empresariais, associações de moradores, ONGs e até os grupos que se organizam pelas redes sociais via *internet* – dentro de suas especificidades, sempre estarão buscando formas eficientes de interação, não somente para alcançar os seus fins específicos, mas também para, na integração de afinidades, buscar influenciar o poder político.

Consequentemente, a sua forma de organização interna, as regras de comportamentos e seus padrões morais – aqueles que convencem e reúnem o seu público alvo – já nas suas especificidades focais, projetam, mesmo que sem um contorno definitivo, um tipo de organização política desejada. Não há legitimidade política que se sustente sem que se leve em conta este tipo de organização horizontal da sociedade.

É nesta relação dialética permanente, na busca por espaço de poder, processada na soma das "micro-ações" sociais e políticas, que se conformam os referenciais para a disputa de hegemonia. Por outro lado, essa horizontalidade, expressão organizada de segmentos sociais que se juntam voluntariamente na busca de ampliar ou consolidar conquistas, força a positivação de direitos para fazer com que seus interesses sejam institucionalizados, ou seja, colocar nos Códigos (no Direito positivado) é o mecanismo adequado e eficiente para, na diversidade, a sociedade organizada influenciar o poder estatal na sua autodefesa.

Portanto, a Política não deve ser entendida como sendo apenas o espaço de organização partidária, cujo fim específico é a disputa eleitoral. As disputas reais de poder passam por modos de organização, partidários ou não, cujas conquistas objetivas se expressam nas normas de Direito positivo que a cada dia se transformam, obedecendo a correlações de força atuantes no interior de cada Estado.

Por isso, é aceitável estender o conceito da Política como sendo toda e qualquer ação que tem como objetivo a organização de um coletivo de indivíduos visando um objetivo comum. Afinal, o Estado e as organizações das sociedades de interesses particulares são uma realidade dos tempos contemporâneos. Cada um – Estado e entidades para fins específicos, principalmente aquelas com finalidade coletiva – cumprindo funções distintas e, às vezes, defendendo interesses contraditórios, caminha em um mesmo rumo, o da ampliação dos direitos como mecanismos de compor os interesses individuais e coletivos na busca da harmonia social. Sem embargo, nesta complexa luta dos indivíduos para se fazer representados, todos buscam, nas normas positivas de interesse geral, de alguma forma, cada qual com sua especificidade, influenciar os rumos do poder político. Esta dinâmica é que faz da Política e da Ciência do Direito "irmãs siamesas" e que torna Direito, gostemos ou não, expressão da correlação de forças presente em um determinado Estado.

## 1.4 O PODER E A POLÍTICA

O conceito de poder vem do latim, *possum*, que poderá ser traduzido por "ser capaz de". O termo poder está associado às palavras *deliberar, agir, determinar, forçar, compor, mandar.* Estas palavras estão diretamente associadas à arte de comandar – que na sua definição genérica pode ser concebida como "a capacidade de alguém ou de uma instituição levar um indivíduo ou um grupo de indivíduos fazer (em) ou deixar de fazer (em) algo".

O poder está presente em várias esferas de atuação na sociedade: na família, com rara exceção, o poder é paternal ou maternal; nas associações, por um corpo diretivo ou um presidente credenciado para defender os seus associados; em uma sociedade empresarial, um dono ou um colegiado dirigido por um executivo que define estratégias e comanda o seu corpo funcional; nas igrejas, por uma hierarquia que, em nome de Deus, impõe regramentos dogmáticos a serem obedecidos e seguidos por todos os seus fiéis; em um partido político, pelo seu diretório ou comandante supremo e nos Estados por várias formas de governo. Enfim, onde existirem humanos reunidos, o fator poder, conforme o conceito acima descrito, sempre se fará presente para ordenar e harmonizar a convivência coletiva.

Estamos sempre na busca de exercer certo tipo de poder, às vezes conscientes, outras vezes agindo por instinto. O poder é exercido, seja para impor uma vontade a outrem, seja para compor interesses diferentes e até mesmo divergentes ou para fazer valer uma norma coletiva capaz de promover a harmonia nas relações humanas. O fato é que a relação de poder é um fator inerente à vida em sociedade.

O poder, quase sempre, é exercido sem que a parte submissa perceba, ou seja, na maioria das vezes, o poder é imperceptível. A sutileza no exercício do poder é um fator importante na relação de mando, pois envolver a parte submissa na engrenagem dominante como se fosse parte do todo, como se o projeto dominante fosse dela, é a melhor maneira de dar ao poder constituído uma eficácia duradoura.

O poder não se edifica em uma relação isolada. Ele está sempre relacionado a uma teia de sustentação, e esta sustentação, a depender de sua força, é o que lhe dará consistência e longevidade. Quanto mais claros os objetivos dos detentores do poder, mais facilidades terão de convencimento de uma rede de colaboradores. É esta rede, tecida com fortes argumentos de sustentação, que faz o poder consistente; sem ela, nenhum tipo de poder se sustenta por longos períodos.

Falamos aqui de poder em geral, qualquer que seja ele: aquele exercido em uma empresa, em uma família, em um sindicato, nas igrejas, ou seja, em todos os círculos de convivência humana. Mas para efeito deste trabalho, o que interessa é o poder político. Dele, todos os demais são dependentes, com maior ou menor intensidade. É do poder político a maior interferência em dois elementos fundamentais que homens e mulheres buscam ao longo de toda a história da humanidade: a liberdade e a igualdade.

A Política, especialmente no Brasil, tem sido vilipendiada. O desprezo por esta atividade humana é tamanho que quando alguém se propõe a debater ou simplesmente mencionar a Política como algo inerente ao convívio humano, é vítima, no mínimo, de olhares. Para as pessoas comuns, Política virou sinônimo de práticas ruins: malvadeza, corrupção, simulação, dissimulação e enganação. Há no senso comum uma intolerância com esta complexa atividade que, paradoxalmente, é responsável pela condução das atividades do Estado que tanto interferem na vida dos indivíduos.

Por outro lado, há um público que se interessa pela Política e até se dispõe a travar um combate diário para torná-la um espaço saudável de participação coletiva e de persecução do bem. Este interesse é um indicativo de que a reconhecida repulsa, a alienação e a indiferença não suplantaram a arte do bem fazer Política. E isso é bom, pois reforçar a negatividade da Política ou permitir o seu rebaixamento a interesses particulares é deixar um campo aberto àqueles que desejam aparelhar o Estado em seu benefício, sem se preocupar com a coletividade.

O fazer Política não pode ser um meio para garantir vida boa para alguns privilegiados. Pelo contrário, deve ser um ato de vontade daqueles que optaram por fazer desta atividade um instrumento para a edificação de uma sociedade cuja premissa fundamental seja a construção de um novo tipo de relação entre as pessoas, onde a ética, o respeito às diferenças e, fundamentalmente, fazer do desenvolvimento econômico o elemento chave para fazer diminuir as desigualdades sociais.

Valorizar a boa prática é estimular a ampliação participativa dos cidadãos nas decisões administrativas e no arcabouço normativo que organiza a vida em sociedade. Combater e procurar derrotar as visões autoritárias, o elitismo, o personalismo e o patrimonialismo são tarefas dos que veem a Política como espaço de todos. Dar azo ao seu rebaixamento, classificando a Política como sendo uma atividade humana desprezível, é um desserviço à coletividade. A Política esteve, está e estará presente no cotidiano das pessoas independente de conceitos valorativos subjetivos.

O resgate da boa prática política é o único modo de ampliar o contingente de cidadãos interessados em participar da condução do Estado. Por outro lado, esvaziar a participação política é a melhor forma de exercer, sem questionamentos, o poder. Este é o desejo de uma casta que sempre fez da Política um meio de vida. Qual brasileiro nunca ouviu ou leu a expressão "Política não foi feita para amador"? Esta é uma afirmação que fortalece a ideia do poder nas mãos de poucos, a ideia da Política como uma profissão e nunca como um espaço para os vocacionados a doar-se ao interesse público.

Aqui não se pretende fazer uma defesa da Política por mero amor ao debate ou como uma forma de alimentar elaborações filosóficas descoladas da vida real. A Política não se compara a uma atividade de lazer, que dialoga, quase sempre, com a sensação de bem estar subjetivo dos indivíduos. Ela é, na sua essência, uma atividade voltada para organizar a sociedade, efetivar programas voltados para o bem comum, promover a harmonia entre os indivíduos e modelar o poder do Estado. Até porque a humanidade optou, a partir de sua necessidade, por um tipo de organização social em torno do Estado que facilitasse a sua convivência coletiva.

Tomando como referência o que escreveu Aristóteles, que o "homem é um ser sociável por natureza", ou aquilo que escreveu Thomas Hobbes quase 2 mil anos depois, que em uma visão menos humanista afirmou que "o homem é lobo do homem", seja em um ou em outro fundamento, chegamos a conclusões parecidas: a de organizar, disciplinar e fomentar o desenvolvimento do ser humano como uma premissa fundamental para a ação daqueles que são credenciados politicamente para conduzir o Estado. Foi nessa dinâmica dialética, na livre circulação das ideias, que homens e mulheres, em um processo evolutivo, chegaram ao formato contemporâneo de Estados nacionais.

A opção humana de viver em sociedade não foi um acaso do destino ou acidente da história. Na verdade, trata-se de um processo evolutivo em que homens e mulheres perceberam que se juntando poderiam desenvolver mecanismos coletivos de solução dos seus problemas. No fundo, foi o reconhecimento de que a vida isolada, cada um cuidando das suas necessidades particulares, sem nenhuma interação com seus semelhantes, não ajudava na resolução das suas necessidades e que, por outro lado, ao juntar-se a somatória de esforços e a complementaridade de *expertises* superariam suas limitações e elevaria a outro patamar as condições objetivas de resolução para suas aflições do dia a dia: paz, segurança, alimentação, saúde, cultura, enfim, uma crescente melhora na qualidade de vida, construída com uniformidade, sem castas, sem preconceitos.

É da natureza da Política ser relacionada com termos fortes, sejam eles de cunho positivo ou negativo. Nada assustador. Na verdade, a Política trata de temas complexos. Quando falamos de Política há uma associação imediata com termos como interesses, ambições, poder, armas, força, persuasão, leis, repressão, justiça, injustiça, disputa, programa, ideologias. Enfim, a Política não é a expressão apenas do bem, mas também não é a imposição do mal. Ela é a expressão do todo em disputa em uma sociedade, ou melhor, por ser a Política o instrumento fundamental de disputa do poder com a finalidade de administrar os Estados, carrega ela em si todas as contradições inerentes à vida em sociedade.

Não há Política sem poder e não há poder sem domínio, como definimos antes, "o poder é a capacidade de alguém levar um indivíduo ou um grupo de indivíduos a fazer (em) ou deixar de fazer (em) algo". Portanto, a Política é um instituto em que seus atores postulam, por métodos variados, determinar ou, no mínimo, influenciar as condutas, orientações e opções dos demais indivíduos. No exercício do poder, ao longo da história, sempre esteve presente a relação hierárquica, uma relação de mando e comando. Não se trata de questionar os conceitos de poder e sim a forma de exercício do poder, pois é na forma de comandar e no estilo de mando que se consolidam a dimensão de liberdade dos indivíduos e o tipo de igualdade que se pretende construir em cada Estado.

## 1.5 MAS ENTÃO, O QUE É MESMO A POLÍTICA?

Coerente com a etimologia do termo desde sua origem, "Política" é o instrumento de organização da vida na *Polis,* como diziam os antigos ou, como conceituamos hoje, Política é o instrumento de organização dos povos reunidos em Estados nacionais.

Falar de Política no mundo contemporâneo é tratar da forma de organização do poder e, portanto, é tocar na finalidade do Estado, dos meios a serem empregados para alcançar este fim e da forma de legitimação do poder. Pode-se concluir que Política é toda ação que tem como objetivo a interferência no *modus vivendi* dos membros de um determinado Estado para organizar a vivência coletiva.

# Capítulo II

# O DIREITO

Na ótica de sua função estabilizadora de expectativas, o Direito apresenta-se como um sistema de direitos. Os direitos subjetivos só podem ser estatuídos e impostos através de organismos que tomam decisões que passam a ser obrigatórias para a coletividade. E vice-versa, tais decisões devem a sua obrigatoriedade coletiva à forma jurídica da qual se revestem. Este nexo interno do Direito com o poder político reflete-se nas implicações objetivas e jurídicas do direito subjetivo, consideradas mais acima.

[...]

O direito à positivação política autônoma do Direito concretiza-se, finalmente, em direitos fundamentais, que criam condições para iguais pretensões à participação em processos legislativos democráticos. Estes têm que ser instaurados com auxílio do poder politicamente organizado. Além disso, a formação da vontade política organizada na forma do Legislativo, depende de um Poder Executivo em condições de realizar e implementar os programas acordados. Isso atinge o aspecto central, sob o qual o Estado se transforma numa instituição para o exercício burocrático da dominação legal. O poder do Estado só adquire uma figura institucional fixa na organização das funções das Administrações Públicas. Peso e abrangência do aparelho de Estado dependem da medida em que a sociedade se serve do *medium* do Direito para influir conscientemente em seus processos de reprodução. Tal dinâmica da autoinfluência é acelerada através dos

> direitos de participação que fundamentam pretensões ao preenchimento de pressupostos sociais, culturais e ecológicos para um aproveitamento simétrico de direitos particulares de liberdade e de participação política.
>
> Em síntese: o Estado é necessário como poder de organização. De sanção e de execução, porque os direitos têm que ser implantados, porque a comunidade de Direito necessita de uma jurisdição organizada e de uma força para estabilizar a identidade, e porque a formação da vontade política cria programas que têm que ser implementados. Tais aspectos não constituem meros complementos, funcionalmente necessários para o sistema de direitos, e sim implicações jurídicas objetivas, contidas in nuce nos direitos subjetivos. Pois o poder organizado politicamente não se achega ao Direito como que a partir de fora, uma vez que é pressuposto por ele: ele mesmo se estabelece em formas do Direito. O poder político só pode desenvolver-se através de um código jurídico institucionalizado na forma de Direitos fundamentais.[6]

## 2.1 QUALQUER NORMA DE CONVIVÊNCIA COLETIVA PODE SER CHAMADA DE NORMA JURÍDICA?

*O que é o Direito? Será que estamos aptos a responder esta pergunta? O reconhecido jurista Miguel Reale[7] – o pai, não o filho – sem querer aqui legitimar o pensamento político do autor, de quem sou um crítico, tenta assim explicar: [...] aos olhos dos homens comuns o Direito é lei e ordem, um conjunto de regras obrigatórias que garantem a convivência social graças ao estabelecimento de limites à ação de cada um de seus membros. Assim sendo, quem age de conformidade com essas regras comporta-se direito; quem não o faz, age torto".*

Para o senso comum, o Direito tende a ser, em termos valorativos, sinônimo de correção de conduta, daquilo que é justo e do que é certo. Por isso é usual ouvirmos no dia a dia dos comuns o termo "andar na linha", em substituição a termos academicamente elaborados, tais como

[6] HABERMAS, Jürgen. *Direito e Democracia, entre a Facticidade e Validade.* Rio de Janeiro: Tempo Brasileiro, 2003, pp. 170-171.

[7] REALE, Miguel. *Lições Preliminares de Direito.* São Paulo: Saraiva, 25ª ed., 2001, p. 1.

"conduta reta ou retidão de conduta". De pronto, conclui-se que, levando-se em consideração a expectativa dos homens comuns, o que fundamenta o Direito são as razões axiológicas. E cada indivíduo, na sua subjetividade e a seu modo, atribui valor a uma determinada conduta e, ao mesmo tempo, atribui a esta conduta parâmetros próprios, julgamentos valorativos específicos. São estes elementos valorativos que determinam suas expectativas em relação às normas jurídicas. Além do mais, à sociedade importa mais o Direito como um instrumento que dá consequência objetiva às suas expectativas.

Então, para o senso comum, Direito é tudo aquilo que serve de instrumento para a construção de uma sociedade melhor: paz ao invés de guerra; justiça ao invés de injustiça; certo ao invés do errado; fartura ao invés de fome; informação ao invés de desinformação; cultura e distribuição do saber ao invés das trevas.

Enfim, o cidadão comum vê o Direito, no tempo e no espaço, levando em consideração "o quando" e "o onde" suas expectativas terão melhor chance de se transformar em realidade. Portanto, na conformação política do Estado Democrático de Direito não há que se falar em Direito imposto, e sim em Direito como convencimento. Este convencimento não implica em autoadesão às normas. As regras do Direito, uma vez pactuadas e obedecendo às regras democráticas, tornam-se impositivas a todos com isonomia.

No Estado Democrático, a principal fonte do Direito deve ser a sociedade e não o Estado. Aliás, a legitimidade daqueles que conduzem o Estado está justamente na sua capacidade de atuar em conformidade com o pensamento e os desejos majoritários da sociedade – do tipo "vontade geral rousseauneana" – que, sem cair no modismo de época, busca sintetizar, no espaço e no tempo, o que possa viabilizar, no máximo possível, a desejada justiça social. No modelo de democracia representativa, é o poder político eleito que aprova o conjunto de normas que são postas pelo Estado à disposição e a serviço da sociedade. No entanto, sua legitimidade está na sua condição de espelhar um modelo de organização que expresse desejos capazes de se projetarem como um sentimento perene da sociedade. Dito assim, este arcabouço normativo só se legitima quando os sentimentos majoritários dos cidadãos são captados pelos políticos e pela Política.

É fato que o Estado possui o monopólio da força. É o que lhe dá autoridade para dirimir conflitos, mas este poder não pode ser usado ao sabor dos interesses de seus condutores. Pelo contrário, há parâmetros legais de atuação que limitam a força do Estado justamente para proteger a sociedade do arbítrio.

Dimitri Dimoulis em sua obra "Positivismo Jurídico", ao falar de validade do Direito segundo o positivismo jurídico *stricto sensu*, assim define:

> Com efeito, a capacidade de imposição coativa não pode ser definida de forma independente de seus resultados. Não se trata de um fenômeno da natureza, tal como um terremoto, que pode ser definido e medido independentemente das suas repercussões nas sociedades humanas. A capacidade de imposição de um ordenamento jurídico só se mede por meio de sua eficácia social que, por sua vez, indica que os destinatários aceitam, grosso modo, cumprir as normas (independentemente das razões que cada um tem ou imagina ter para tanto). Mesmo sendo possível distinguir entre os casos de aplicação da norma de maneira espontânea, em razão de sua aceitação pelo destinatário, e os casos de aplicação de forma compulsória, após a aplicação da sanção prevista, na realidade social os elementos da coação e do reconhecimento coexistem. Só o reconhecimento social do Direito permite que as autoridades competentes possam atuar repressivamente nos casos de descumprimento.

Como se pode depreender daquilo aqui já dito, em se tratando de Estado Democrático de Direito, o monopólio da força é um elemento importante para firmar o Estado frente outras organizações, sejam elas de qualquer natureza, não para impor a qualquer custo a vontade de um "líder" ou de um agrupamento de pessoas no comando das instituições de Estado, pelo contrário, este monopólio só se legitima quando faz da combinação – harmonia/liberdades democráticas – um fim permanentemente perseguido e praticado.

De modo objetivo é o poder político que organiza, sistematiza e, não sem disputa, aprova o conjunto de normas que são postas pelo Estado. Quero dizer, para ser democrático, o poder político tem de expressar a real correlação de forças presentes no interior do Estado em questão.

Portanto, todo este arcabouço normativo que organiza a sociedade se legitima em uma via de mão dupla: obedecendo a correlação de forças presentes nos parlamentos e, ao mesmo tempo, sendo expressão cultural e dos costumes majoritários dos cidadãos.

"Legitimidade política" é a chave para a consolidação do Estado Democrático de Direito: todas as vezes em que os condutores do Estado não conseguem legitimar-se abrem concorrência e espaço para que outras propostas de organização política e social, paralelas ou de afronta à ordem estatal constituída, se estabeleçam como "legítimas". Em se tratando de disputas dentro dos parâmetros democráticos pactuados, não há problema; neste caso, trata-se de firmar a essência da democracia: alternância do poder como meio de autopreservação.

Mas a história nem sempre segue em linha reta ou conforme as expectativas da sociedade. Nas disputas políticas não estão presentes apenas forças do bem ou somente organizações institucionalizadas. À margem da ação do Estado, forças paralelas também se fazem presentes, ora aliando-se, ora disputando espaços com instituições de Estado. Nesse sentido, a ordem jurídica, vista como expressão da correlação de forças atuantes na sociedade, acaba por estar sempre dependente do poder, portanto, de sua legitimidade. No regime democrático o poder está sempre associado à sua capacidade de organizar pactos capazes de apontar rumos convincentes para sólidas maiorias, tendo o Direito como instrumento.

Portanto, tem força o conceito que afirma que o Direito é "*lei* e é *ordem*" – sim, é lei e é ordem – desde que esteja em sintonia com a vontade majoritária da sociedade em questão, atendendo às suas expectativas. Do contrário, em se tratando de normas jurídicas em oposição às expectativas da sociedade, estas podem servir à legitimação da subversão da pretensa ordem estatal. Toda revolução parte da insatisfação majoritária da sociedade com o sistema de poder em vigor e, por consequência, com o sistema de normas jurídicas que padroniza a ordem política constituída.

O processo histórico registra diversos casos de ruptura, por intermédio de revolução, de uma determinada ordem jurídica e sua substituição por outra. Alguns exemplos: a Revolução Francesa de 1789-1799; a Revolução Bolchevique de 1917; a Revolução Chinesa de 1949 ou ainda a Revolução Cubana de 1959, para ficar em alguns exemplos de como o Direito é mutante no tempo e no espaço, servindo sempre ao poder constituído e, como disse antes, obedecendo sempre à correlação de forças.

Assim, quando a fonte principal do Direito deixa de ser a sociedade, já não se fala mais em Estado Democrático de Direito e não se pode reivindicar o Direito estatal como legítimo. Aliás, neste caso não se trata de Direito na sua acepção valorativa, e sim de normas legitimadoras de um regime político de força, quase sempre atuando contra a sociedade. O legítimo Direito é aquele que nasce da sociedade ou, no mínimo, em sintonia com ela e se prolonga no tempo em conformação com a vontade da sociedade política em questão. "*O direito e a moral são um velho par que veste roupa nova*", afirma Norbert Rouland.

O histórico movimento de constituição da democracia, bem como seu processo de consolidação, tem como essência o contraditório – que é próprio de movimentos plurais – e sua conformação dialética que atrai e repele opiniões diversificadas, mas, ao mesmo tempo, agrega a resultante desse processo projetando o novo em forma de síntese. Esta síntese não é o fim em si mesma. É o inicio de um novo ciclo impulsionador de novas mudanças. Este processo dialético encontra fervorosa oposição dos conservadores, que pensam exatamente o contrário.

A título de exemplo, veja o que diz o filósofo conservador norte-americano Russell Kirk:

> [...] Uma sociedade em que homens e mulheres são governados pela crença de uma ordem moral duradoura, por um forte senso de certo e errado, por convicções pessoais de justiça e de honra, será uma

> sociedade boa – seja qual for o mecanismo político utilizado; enquanto, na sociedade, homens e mulheres estiverem moralmente à deriva, ignorantes das normas e voltados principalmente para a gratificação dos apetites, essa será uma sociedade ruim – não importa quantas pessoas votem, ou quão liberal seja a ordem formal[8].

Observe que este ideário conservador, este conceito de conduta moral e ética, consolidado e imutável, funcionando como se fosse a pilastra de sustentação, é um determinismo que não dialoga com o dinamismo social dos tempos contemporâneos. Na verdade a moral, a ética, o certo ou o errado, são parâmetros subjetivos com graduações variáveis em cada indivíduo e de maneira mais acentuada de indivíduos para indivíduos. Estas variáveis acentuam-se a depender das circunstâncias fáticas e do grau de interesses envolvidos. O Direito positivo existe para regular as desavenças. Não fosse assim, não haveria a necessidade de positivar direitos.

## 2.2 A LEGITIMIDADE DO DIREITO POSITIVO

Em se tratando de ciência do Direito, falamos de um Direito positivo. De início, vale a pena esclarecer que quando se fala em "Direito positivo" fala-se no Direito codificado, o Direito escrito, a saber: Constituição Federal, Código de Processo Civil, Código Civil; Código de Processo Penal; Código Penal, Código de Defesa do Consumidor. Enfim, trata-se de todo o Direito posto nos diversos Códigos pelas instituições competentes, legitimadas democraticamente para tal feito. Portanto, Direito positivo é um Direito estatal institucionalizado e, em se tratando de Estado Democrático de Direito, a aderência social é o principal critério para sua legitimação.

*Todavia, não se trata de qualquer Direito; Ciência do Direito é sim o Direito estatal. Assim define Miguel Reale*[9]: *"A Ciência do Direito é sempre*

[8] KIRK, Russell. *A Política da Prudência*. São Paulo: É Realizações, 2014. p. 105.

[9] REALE, Miguel. *Lições Preliminares de Direito*, São Paulo: Saraiva, 25ª ed., 2001, p. 17.

*ciência de um Direito positivo, isto é, positivado no espaço e no tempo, como experiência efetiva, passada ou atual*".

Eis que quando tratamos de uma ordem jurídica positiva, estamos tratando da Ciência do Direito. Neste caso estamos tratando de norma coercitiva que define conduta e impõe sanções. Hans Kelsen[10], talvez o mais convicto dos positivistas, escreveu:

> A característica comum às ordens sociais a que chamamos de Direito é que elas são ordens coativas, no sentido de que reagem contra situações consideradas indesejáveis, por serem socialmente perniciosas – particularmente contra condutas humanas indesejáveis. – com um ato de coação, isto é com um mal – como a privação da vida, da saúde, da liberdade, de bens econômicos e outros –, um mal que é aplicado ao destinatário mesmo contra sua vontade, se necessário empregando até a força física – coercivamente, portanto.

O fato de uma norma de Direito ser coativa não significa que ela seja impopular no sentido de que a sociedade a rejeita. Pelo contrário, é a própria sociedade que transfere ao Estado como seu aplicador a legitimidade da força, caso necessário, para viabilizar a eficácia na norma. Mas estas somente deverão ser aplicadas às condutas perniciosas à sociedade. Normalmente são medidas corretivas destinadas a disciplinar os desvios de conduta individualizados ou, quando muito, tais medidas atingem pequenos grupos que agem em dissonância com a vontade majoritária da sociedade.

Mas as normas jurídicas são também um elemento de organização positiva da sociedade. Positiva no sentido de que muitas delas não têm apenas o sentido de repressão ao malfeitor; são normas voltadas para o fim do Estado, normas impostas pela sociedade àqueles que comandam os negócios do Estado, outras carregadas de um conteúdo programático capaz de projetar os objetivos estratégicos de uma nação – o de promover o desenvolvimento integral do ser humano.

---

[10] KELSEN, Hans. *Teoria Pura do Direito*. São Paulo: Martins Fontes, 2000, p. 35.

Podemos concluir que a Ciência do Direito é sim "*lei e ordem*" – um conjunto de normas obrigatórias que garantem a convivência harmoniosa, a paz, a segurança e o bem estar social, com a imposição de limites à ação a cada um dos seus membros e ao próprio Estado. Quem age em afronta ou à margem da ordem estabelecida pelo Estado por determinação majoritária da sociedade, "age torto", portanto, em afronta ao Direito.

# Capítulo III

# FORJANDO O ESTADO DEMOCRÁTICO DE DIREITO

> [...] o único modo de se chegar a um acordo quando se fala de democracia, entendida como contraposta a todas as formas de governos autocráticos, é o de considerá-la caracterizada por um conjunto de regras (primárias ou fundamentais) que estabelecem quem está autorizado a tomar decisões coletivas e com quais procedimentos. Todo grupo social está obrigado a tomar decisões vinculatórias para todos os seus membros com o objetivo de prover a própria sobrevivência, tanto interna como externamente. Mas até mesmo as decisões de grupo são tomadas por indivíduos (o grupo como tal não decide). Por isto, para que uma decisão tomada por indivíduos (um, poucos, muitos, todos) possa ser aceita como decisão coletiva é preciso que seja tomada com base em regras (não importa se escritas ou consuetudinárias) que estabelecem quais são os indivíduos autorizados a tomar as decisões vinculatórias para todos os membros do grupo, e a base de quais procedimentos.[11]

## 3.1 A CIDADANIA COMO ELEMENTO PRIMORDIAL DO ESTADO DEMOCRÁTICO DE DIREITO

A principal novidade que funcionou como elemento impulsionador da democracia foi a invenção da cidadania. Esta ideia consiste em

[11] BOBBIO, Norberto. *O Futuro da Democracia*. 11ª ed., São Paulo: Paz e Terra, 2009, p. 30.

considerar que homens e mulheres não devem submeter-se às exigências de uma ordem superior ditada por autoridades que se utilizam do aparelho do Estado para, através da força, impor a sua lógica de dominação. Como bem escreveu Olivier Nay[12], "A *cidadania supõe, em primeiro lugar, que os homens sejam considerados como seres intercambiáveis, semelhantes uns aos outros, seja qual for sua origem, sua classe ou condição*". Portanto, o que define um cidadão é o seu pertencimento a uma comunidade política e não valores individuais, tais como bens materiais, classe social ou qualidades pessoais.

Note-se que desde a Grécia Antiga a humanidade vem trilhando um caminho histórico de constante aperfeiçoamento do conceito de cidadania. No livro "A Democracia e a Democracia em Norberto Bobbio", ao analisar o conceito antigo de cidadania, abordei, de passagem, este assunto:[13]

> Com o surgimento das cidades, muda-se também o conceito de cidadania. O aglomerado de pessoas morando num centro urbano provoca a necessidade de uma maior sociabilidade humana em todas as suas dimensões: sociológicas, econômicas, cultural e política. Isto implicou numa mudança de paradigma para as gerações futuras, cujas consequências são mudanças substanciais, tanto dos indivíduos, quanto do poder constituído e também do conceito de convivência em sociedade.

Os termos *interação, integração, intersubjetividade e coletividade* já não são mais meros elementos de reflexões filosóficas, ainda sem teste de aplicabilidade na vida real. Pelo contrário, são expressões de empirismo postas pela necessidade objetiva de uma nova ordem social que se inicia e se projeta como irreversível, a ponto de Aristoteles[14], em 350 a.C., escrever: "*Como qualquer totalidade, o Estado consiste numa multidão de*

---

[12] NAY, Olivier. *História das Ideias Políticas*. Petrópolis: Vozes, 2007, p. 28.

[13] SILVA FILHO, João Antonio da. *A Democracia e a Democracia em Norberto Bobbio*. São Paulo: Verbatim, 2014, p. 30.

[14] ARISTÓTELES. *A Política*. São Paulo: Martins Fontes, 2006, p. 41.

*parte: é a universalidade dos cidadãos*". Veja que Aristóteles, mesmo crítico da experiência democrática vivida pelos atenienses, ao elaborar o conceito de cidadania delimitou-a como sendo um elemento primordial de pertencimento a uma comunidade política. Ele escreve: "*Portanto, o que constitui propriamente o cidadão, sua qualidade verdadeiramente característica, é o direito de votar nas Assembleias e de participação no exercício do poder público em sua pátria.*"[15] Portanto, vivência política e cidadania são elementos inerentes à construção do poder político desde os tempos antigos.

Mas a invenção da cidadania, se não for o principal legado deste período, com certeza está entre os principais. Sua aplicabilidade trouxe o elemento da horizontalidade no modo de se fazer Política. Desde então, quando se refere ao termo cidadania, não se refere mais a cidadãos sujeitos a dobrar-se à vontade de um rei todo-poderoso ou de uma casta aristocrática que vê a realidade do seu povo como se estivesse olhando de uma janela do seu castelo, e pouco se interessando pela real situação dos seus dominados.

Nos tempos atuais, falar de democracia é referir-se a um universo de homens livres, cidadãos, aptos a participar da vida política. Cidadãos são todos aqueles, titulares de direitos e de deveres com padrões de conduta pactuados, que se expressam em normas previamente conhecidas e facilmente previsíveis por todos os integrantes de uma determinada comunidade política. Este sentimento de pertencimento, que une o indivíduo à sua comunidade, é o cerne principal da democracia – isto é cidadania!

## 3.2 A CIDADANIA SUFOCADA

Depois da experiência grega, as ideias democráticas passaram por um período de submersão, uma espécie de sufocamento. O termo mais correto, talvez seja hibernação – estado de dormência, de adormecimento. Nos últimos cem anos da Idade Antiga, mesmo a filosofia estoica em nada dialogava com as ideias democráticas. Em se tratando do mundo da política, os estoicos contribuíram com os primórdios do projeto expansionista romano, ao propugnar a universalidade natural do homem.

[15] ARISTÓTELES. *A Política*. São Paulo: Martins Fontes, 2006, p. 41.

O fundamento de seu pensamento consistia em afirmar: "*Se os homens estão ligados a uma natureza comum (insuflados por uma lei divina), é normal que se encontrem num mesmo movimento de civilização*"[16]. Este conceito foi, para os romanos, a justificativa filosófica para o início de sua política de conquistas de outros povos.

Mas o que determinou um longo período de adormecimento das ideias democráticas foi mesmo a extraordinária expansão da religião cristã. De uma completa marginalização vivida nos primeiros séculos de sua existência, o Cristianismo passou – a partir do ano 313 da Era Cristã (período da conversão de Constantino) – a ser a razão principal da vocação conquistadora dos romanos.

A partir da conversão do Imperador Constantino, clero e poder passaram a combinar seus interesses: a Igreja oferecia seu poderio ideológico persuasivo para sufocar qualquer visão expandida de liberdade; em troca, o Estado romano lhe dava a proteção e as condições necessárias para prosseguir convertendo legiões de seguidores, seguindo no rastro das conquistas do Império.

Fundamentalmente, em se tratando de prática política, ao contrário da visão horizontal democrática praticada na Grécia Arcaica, o formato de poder do Império Romano era acentuadamente verticalizado. Tudo muito parecido com o *modus operandi* da Igreja católica – Papa e clero como verdadeiros donos da verdade e leigos que eram levados somente a dizer "amém" aos "intermediários de Deus". Assim também se portava o poder formado por um rei e seu *staff*, dominando os seus súditos e estes sem liberdade, sem voz e sem acesso ao saber.

## 3.3 A DEMOCRACIA COMO INSTRUMENTO DE AÇÃO POLÍTICA COLETIVA

A história registra práxis diferentes entre a democracia dos antigos e a concepção democrática dos modernos. Essas diferenças praticadas continuam a ser objeto de pesquisa para estudiosos, amantes da Política,

[16] NAY, Olivier. *Histórias das Ideias Políticas*. Petrópolis: Vozes, 2007, p. 62.

da Sociologia e da Filosofia. Todos os que pensam o futuro do Estado enquanto organização que cuida da intercambialidade entre os seres humanos, se mostram inconformados com as imperfeições da Política; aperfeiçoá-la é uma tarefa permanente daqueles que fizeram desta causa a razão de suas vidas.

Em termos comparativos, pode-se diferenciar no tempo os conceitos em termos axiológicos: por democracia os antigos entendiam como sendo o povo decidindo em praça pública todos os rumos da política da cidade, a chamada democracia direta. Já na contemporaneidade a democracia é representativa. Quer dizer, os cidadãos credenciados escolhem através do voto quem em seu nome deverá decidir.

Como disse Norberto Bobbio, "*Quando nós falamos de democracia, a primeira coisa que nos vem à cabeça é o dia das eleições, com longas filas de cidadãos que aguardam sua vez para depositar votos nas urnas*".[17] O período contemporâneo consolidou o sufrágio universal como mecanismo de aferição da vontade geral e, ao mesmo tempo, como mecanismo de legitimidade do sistema de representação.

Este sistema representativo ganha forma também com as ideias republicanas. Um forte apelo de que deve ser para o público é a essência do conceito de Estado Democrático pós-período médio. As ideias do Estado não patrimonialista começam a ganhar força com o surgimento dos Estados nacionais; é o fortalecimento de um conceito de *res-publica*, em que a preocupação com o ser humano e seu desenvolvimento deve ser o centro da ação política dos homens do poder.

A democracia é, em sua essência, a expressão da pluralidade, da diversidade e do contraditório, elementos inerentes a qualquer corpo social. As diferentes funções públicas; as profissões variadas; as atividades econômicas distintas; os universos culturais plurais e as diferentes ideologias estão todas contidas em um universo de interesses no interior dos Estados nacionais.

[17] BOBBIO, Norberto. *O Filósofo e a Política*. Rio de Janeiro: Contraponto, 2003, p. 245.

Estes interesses, muitas vezes contraditórios, somente poderão ser modelados e superados alimentando as expectativas futuras de um modelo político cujo diálogo e composição seja o seu modo principal de agir. É no respeito a este universo diversificado que se encontra a eficácia da democracia. Ao contrário dos regimes políticos totalitários, onde o todo se sobrepõe às partes, no regime democrático as partes são vistas, reconhecidas, respeitadas e consideradas fundamentais para conformar o tecido social. Quem propicia esta conformidade é o Estado através de um ordenamento jurídico compatível e aceito pela maioria de seus membros.

Apresento minha concordância com o conceito de Norberto Bobbio, quando ele afirma: "*O único modo de se chegar a um acordo quando se fala em democracia, entendida como contraposta a todas formas de governos autocráticos, é o de considerá-la caracterizada por um conjunto de regras (primárias ou fundamentais) que estabelece quem está autorizado a tomar as decisões coletivas e com quais procedimentos*"[18].

Diante de tamanha diversidade de interesses materiais e ideológicos, nenhum corpo social sobrevive sem normas jurídicas que disciplinem padrões de comportamento tolerados por todos. O que diferencia, em termos axiológicos, a democracia das demais experiências de governo é justamente o fato de tais normas não serem impostas, mas pactuadas, adotando para este fim a regra de maioria.

Até porque, diante das complexas sociedades políticas contemporâneas, construir progressivamente o consenso, sem qualquer imposição, não é uma tarefa fácil. Ao contrário do pequeno universo de cidadãos credenciados na Atenas democrática, as sociedades modernas se diferenciam pela extensão geográfica, pela quantidade de pessoas e pelos interesses diversificados. Assim escreve Robert Dhal:[19]

> (...) Às realidades de todas as democracias modernas que se localizam, não numa cidade-Estado, mas num Estado Nacional ou

---

[18] BOBBIO, Norberto. *O Futuro da Democracia*. 11ª ed., São Paulo: Paz e Terra, 2009, p. 30.

[19] DHAL, Robert. *A Democracia e Seus Críticos*: São Paulo: Martins Fontes, 2012, p. 28.

> país: em vez do *demos* minúsculo e do território pressuposto na visão grega, um país – até mesmo um país pequeno – abrange um gigantesco corpo de cidadãos espalhado por um vasto território (para padrões gregos). Como resultado disso, os cidadãos são um corpo mais heterogêneo do que os gregos consideravam recomendável. Em muitos países, na verdade, eles são extraordinariamente diversos em matéria de religião, educação, cultura, grupos étnicos, raça, língua e situação econômica.

Percebe-se o quão difícil é projetar uma perspectiva de igualdade, viabilizar o bom senso de um tipo de liberdade pactuada e construir um acordo em torno de um modelo de justiça social que seja capaz de fazer com que cada cidadão sinta que a sua vontade está expressa em normas jurídicas e em políticas públicas conduzidas pelo todo-poderoso Estado. Eis mais um desafio do Estado Democrático de Direito.

Parafraseando Norberto Bobbio, a saúde da democracia não anda em bom estado, mas também não se encontra em estado terminal. Quer dizer: a democracia não é uma forma de governo perfeita; aliás, como disse antes, é da sua própria essência sobreviver do contraditório, da pluralidade e do respeito às diferenças. Diferentemente do despotismo – que é estático, sempre igual a si mesmo –, a democracia carrega em si um fundamento dialético que impulsiona seu dinamismo em conformidade com a vontade majoritária da sociedade. Foi o que Bobbio[20], em sua obra "O Futuro da Democracia", classificou como sendo natural o seu permanente "estar em transformação".

## 3.4 SUPERAR AS IMPERFEIÇÕES DA DEMOCRACIA É TAREFA PERMANENTE

Os defeitos dos regimes políticos democráticos se apresentam com frequência. Avalio que isso decorre mais da resistência das classes mais favorecidas em abrir mão de seus privilégios e menos pelas suas próprias

[20] BOBBIO, Norberto. *O Futuro da Democracia.* 11ª ed., São Paulo: Paz e Terra, 2009, p. 19.

imperfeições. É sabido que, ao contrário das camadas menos favorecidas, setores privilegiados (ricos e classe média) se organizam com maior facilidade e as razões são facilmente detectáveis: enquanto as classes abastadas possuem meios para financiar o seu ócio positivo (lazer, acesso à cultura, educação, viagens culturais etc.), as camadas menos favorecidas (os pobres) gastam seu tempo quase que integralmente no trabalho e na busca de sua sobrevivência.

Para os setores sociologicamente denominados "aristocráticos", o conservadorismo é inerente à sua condição social: "Mudar para quê, se tudo está indo muito bem em sua vida material!". Seus interesses são preservados na medida em que se conservam também as qualidades negativas do Estado, a saber: poder invisível, controle do saber e das informações; controle das polícias e das forças armadas e, de certa forma, a monopolização da hermenêutica jurídica, em uma espécie de "manipulação" das normas do Direito a serviço do *status quo*.

Para quem tem 'muito a perder' vale mesmo o pensamento expresso pelo conservador Russell Kirk:[21]

> Sabendo que a natureza humana é uma mistura de bem e mal, o conservador não deposita a confiança na mera benevolência. Restrições constitucionais, freios e contrapesos políticos, um cumprimento adequado das leis, a velha e intrincada rede de restrições sobre a vontade e o apetite – são aprovados pelo conservador como instrumentos da liberdade e da ordem. Um governo justo mantém uma tensão saudável entre as pretensões da autoridade e as pretensões da liberdade.
>
> [...] O conservador, em suma, favorece um progresso refletido e moderado; opõe-se ao culto do progresso, cujos devotos acreditam que tudo o que é novo é necessariamente superior ao que é antigo.

Já as camadas menos favorecidas, as chamadas "classes populares", pouco têm a perder e, uma vez convencidas, fazem de sua ação coletiva

[21] KIRK, Russell. *A Política da Prudência*. São Paulo: É Realizações, 2014, pp. 111-112.

um forte instrumento transformador. Talvez por conta da sua expressão numérica e pelo seu inconformismo econômico, quase sempre é delas o protagonismo das mudanças.

Como se pode notar, o continuísmo em contraponto às mudanças, permanência *versus* novo, não são meros argumentos semânticos, expressam um conteúdo de disputa real de ideias, valores e, principalmente, de luta de classes: aquelas que nada têm a perder buscam acelerar o processo natural de mudanças; já as classes mais privilegiadas fazem dos termos estabilidade, continuidade e permanência, mais do que uma análise morfológica isolada, um conteúdo político de manutenção do *status quo*.

Não há democracia sem que haja legitimidade da classe política dirigente e essa legitimidade acontece em uma espécie de via de mão dupla, em que os legítimos representantes – a classe política, com seus propósitos e projetos de políticas públicas – caminham em direção aos representados. E esses, através da análise das ações concretas, dos resultados das políticas públicas implementadas e das suas expectativas em relação a seu futuro, definem quem, programaticamente, deve representá-los.

Democracia e mudanças, nesse sentido, são duas faces da mesma moeda, ou seja, democracia existe porque existe diferença e contraditório e a diferença e o contraditório são elementos impulsionadores das mudanças. Então, conclui-se que, ao contrário dos defensores do conservadorismo como ideologia, democracia e dialética são termos complementares, pois é característica da própria dialética fazer do contraditório e da pluralidade a força impulsionadora das transformações para suplantar a forte tendência natural do Estado em ocultar-se. É função da democracia forçar até o limite do possível a composição de interesses. É por isso que democracia e dialética são parceiras inseparáveis.

Nos países onde impera o Estado Democrático de Direito, a democracia representativa com sufrágio universal ("cada cidadão um voto") tem-se demostrado insuficiente para responder ao desejo participativo da sociedade. Em muitos Estados, plebiscito e referendo têm sido uma constante para legitimar políticas públicas, leis e projetos de lei. Novos instrumentos institucionais participativos – Conselhos da mulher, de saúde, de educação, de segurança, da criança e do adolescente, Conselhos gestores diversos – são positivados em modernos ordenamentos jurídicos. É um "querer participar", expressão não somente da insatisfação dos cidadãos com sua classe dirigente, mas principalmente resultante da democratização do saber que nos tempos contemporâneos qualifica melhor os cidadãos para participar da vida política.

Este sistema "cada cidadão um voto" exige aperfeiçoamento. Norberto Bobbio expõe com clareza a limitada condição do cidadão -eleitor para influenciar os rumos da política, ao escrever:[22]

> ... Em uma democracia representativa, em geral, quem decide não é o indivíduo, quase sempre apenas um eleitor. Nessa condição, ele realiza sua tarefa sozinho, *uti sigulus*, em uma cabine, separado dos demais sujeitos. No dia da eleição, ou seja, do evento constitutivo da forma de governo representativo, não existe nenhum povo, na condição de ente coletivo: só há muitos indivíduos cujas determinações são contadas uma a uma, para então serem somadas. Uma democracia de eleitores, tal como ocorre na democracia representativa, não recebe sua legitimidade do povo – que, como entidade coletiva, não existe fora de uma praça ou assembleia -, mas sim da soma de indivíduos a quem se atribui a capacidade eletiva. De fato, na base da democracia representativa, ao contrário do que ocorre na democracia direta, não está a soberania do povo, mas sim a dos cidadãos.

Atualmente, na dita sociedade informacional, com o acelerado processo de popularização da rede mundial de computadores (*internet*), novos desafios estão colocados. A reunião dos cidadãos em praça pública não é mais condição determinante para o exercício da democracia direta. A *internet* pode viabilizar amplas consultas, com profundas repercussões no mundo dos fatos, sem precisar que os cidadãos saiam das suas casas.

---

[22] BOBBIO, Norberto. *O Filósofo e a Política*. Rio de Janeiro: Contraponto, 2003, p. 237.

O poder mobilizador da *internet* é de tal ordem que a popularização dos *tablets* e *smartphones* propiciou o surgimento do que podemos conceituar como "cidadania em trânsito". Isso quer dizer que o cidadão pode interferir, mesmo à distância, no processo político e nos rumos da Administração Pública.

Esta dinâmica participativa pode acontecer em momentos diferenciados: nas eleições, como instrumento de aproximação de candidatos e eleitores. No caso do Legislativo, o representante pode fazer do instrumento "informatização" um elemento de aproximação dos cidadãos no processo de elaboração das leis e de parceria do controle externo. E no caso do Executivo, é possível promover consultas aos administrados no momento em que antecede a expedição de atos administrativos de repercussão geral e no controle público de seus atos.

A realidade empurra a humanidade para uma iminente mudança de paradigma. É razoável um repensar do modelo participativo. A democratização da informação é um fato e este terá como consequência direta um novo formato de participação popular com reflexos diretos no Estado Democrático de Direito. Novos tempos virão com repercussão na Ciência Política e no Direito.

Essa anunciada mudança de paradigma é que deve animar aqueles que labutam pelo fortalecimento da democracia como forma de governo. Nos tempos contemporâneos, há uma perspectiva positiva de se fazer jus à etimologia do termo "democracia" com seu real significado: poder do povo. Quanto maior a perfeição dos mecanismos participativos, mais fortalecida estará a democracia a justificar-se no questionamento a todo e qualquer Estado despótico.

# Capítulo IV

# O ESTADO

> É ao Estado que compete manter a paz e a segurança jurídica, mas para o concretizar tem de estar imbuído da respectiva autoridade.
>
> Com efeito, e como já escrevia Léon Duguit, os governantes só são de facto governantes quando podem, de facto, utilizar uma força material, um poder de constrangimento, isto é, não existe Estado, não havendo, governantes, se esse poder não lhes pertence efetivamente.
>
> Ou seja, o Estado é, antes de tudo, uma entidade que se impõe pela força, mas não esquecendo como o próprio Duguit formulava que o Estado é a força, trata-se de um poder subordinado a uma regra do direito superior a ele, poder que só legitimamente se impõe quando actua em conformidade com esta regra do Direito, porquanto se o Direito sem força se arrisca a ser impotente, a força sem Direito é simplesmente barbárie.[23]

O Estado é um ente abstrato, um construído humano para atender a necessidade de uma melhor integração social. São os próprios indivíduos, sabedores de suas vocações competitivas, que procuram dotar este ente "abstrato" – o Estado – de capacidade e de força, para

[23] CARVALHO, Manuel Proença de. *Manual de Ciência Política e Sistemas Políticos e Constitucionais*. Lisboa: Quid Juris, 2010.

modelar e, se preciso, até mesmo impor condutas que viabilizem o desenvolvimento social em todos os seus aspectos e assegure a paz e a harmonia social.

Duas matrizes ajudam a formar convicções quanto à formação originária do Estado. A primeira é a que sustenta a *formação natural* do Estado. Quer dizer: o Estado é um produto da evolução humana; os homens, a partir de suas necessidades concretas, foram progressivamente consolidando um modelo de organização política até chegar aos contemporâneos Estados nacionais.

A segunda matriz sustenta que o Estado é produto de um *ato voluntário* dos homens que, para evitar a desordem social, ou aquilo que Thomas Hobbes classificou de "*guerra de todos contra todos*", criaram-no, instrumentalizando-o na perspectiva de alcançar, em toda sua plenitude, a paz e a segurança para todos os seus membros. Essa teoria do Estado resulta no Contrato Social – com bases teóricas e ênfases argumentativas diferenciadas e está fundamentada originalmente nos contratualistas Hobbes, Locke e Rousseau.

## 4.1 SOBRE A ORIGEM NATURAL DO ESTADO

Para aqueles que defendem a formação natural do Estado, as principais diferenças se dão na abordagem das causas de sua origem. São várias as vertentes teóricas quanto às causas.

*Origem filial ou matriarcal (*Robert Filmer)[24]: sustenta que o Estado é produto da evolução da família. Quer dizer, foi a partir da evolução do núcleo familiar e de sua progressiva ampliação que se originou o Estado.

*Teoria da força ou da origem violenta do Estado* (Franz Oppenheimer)[25]: defende que a causa fundamental da formação do Estado foi determinada

---

[24] DALLARI, Dalmo de Abreu. *Elementos de Teoria Geral de Estado*. São Paulo: Saraiva, 2009, p.54.

[25] DALLARI, Dalmo de Abreu. *Elementos de Teoria Geral de Estado*. São Paulo: Saraiva, 2009, p 54.

pela capacidade dos mais fortes de impor suas vontades. Tal tese firma-se essencialmente pela convicção de que a organização política da sociedade viabilizou-se pela capacidade de um grupo – através da superioridade dos mais fortes – impor suas regras aos mais fracos.

*Causas econômicas ou patrimoniais* (Friedrich Engels)[26]: para esta teoria, desde que o homem descobriu a propriedade privada, com a consequente acumulação de riquezas, os mais poderosos economicamente procuram sujeitar as camadas mais pobres aos seus interesses. A ambição humana por riquezas leva homens e mulheres a se lançarem em profunda competição, daí a necessidade de um ente poderoso – o Estado – que pudesse ser instrumentalizado pelo poder econômico e impor seu domínio às classes sociais detentoras apenas da força de trabalho. É a concretização da tese que sustenta que "quem detém capacidade econômica controla o poder político".

## 4.2 A TEORIA DO CONTRATO SOCIAL

Thomas Hobbes (1588 – 1679), influenciado por um período de aguçados conflitos sociais e movido pela convicção de que, por viverem em estado de natureza, os homens estariam preocupados com seus próprios interesses, acreditava que só um governante forte conseguiria apaziguar os conflitos sociais.

"*O homem é lobo do homem*", dizia Thomas Hobbes para ilustrar sua descrença na capacidade do homem em se autogovernar. "Leviatã", sua clássica obra, sustenta que somente um pacto entre os indivíduos – atribuindo poderes a um terceiro – o Estado, um ente abstrato, mas dotado de força para, se preciso, impor sua vontade, seria capaz de impedir a "*a guerra de todos contra todos*". Assim escreve Hobbes[27]:

> Isto significa mais do que um consentimento ou concórdia, pois é a unidade de todos, numa só e mesma pessoa, por meio de um

---

[26] SILVA FILHO, João Antonio da. *A Democracia e a Democracia em Norberto Bobbio*. São Paulo: Verbatim, 2014, pp. 63-69.

[27] HOBBES, Thomas. *Leviatã*. São Paulo: Martin Claret, 2009, p. 126.

> pacto de cada homem com todos os homens, de modo que seria como se cada um dissesse ao outro: desisto do direito de governar a mim mesmo e cedo-o a este homem, ou a esta assembleia de homens, dando-lhe autoridade para isso, com a condição de que desista também de teu direito, autorizando, da mesma forma, todas as tuas ações. Dessa forma, a multidão unida numa só pessoa passa a chamar-se Estado (em latim *Civitas)* esta é a geração do grande Leviatã, ou antes (para usarmos termos mais reverentes), desse Deus mortal, a quem devemos abaixo do Deus imortal, nossa paz e defesa.

Estas são as bases da teoria do Contrato Social que, na visão hobbesiana, é a única maneira de consolidar governos fortes, absolutos, para garantir a paz, a defesa de todos e a consequente harmonia social.

Jean-Jacques Rousseau (1712-1778), ao contrário de Hobbes, na sua obra "O Contrato Social" parte do princípio de que "*o homem é bom por natureza*", mas está submetido à influência corruptora da sociedade. Rousseau toma a desigualdade como sendo a base principal da sociedade civilizada, com a consequente dificuldade para atingir o bem comum. A desigualdade pode ser de dois tipos: a que se deve às características próprias individuais de cada ser humano e aquelas que têm como origem as circunstâncias sociais. Para o filósofo, as características subjetivas de cada indivíduo são naturais; já as desigualdades decorrentes de circunstâncias sociais devem e podem ser combatidas. Em nome do "Contrato Social", nas palavras de Rousseau, o homem abre mão de parte de suas subjetivas convicções – parcela de sua liberdade, por exemplo – para viabilizar um projeto social coletivo na busca do bem comum. Assim ele escreve[28]:

> As cláusulas deste contrato são de forma determinadas pela natureza do ato que a menor modificação as tornaria vãs e de nenhum efeito, de sorte que, mesmo sendo enunciadas de maneira formal, são em todas as partes as mesmas, em todas as partes tacitamente admitidas e reconhecidas, de modo que sendo o pacto social

[28] ROUSSEAU, Jean-Jacques. *O Contrato Social*. São Paulo: Edipro, 2011, pp. 21-22.

> violado, cada um retornaria aos seus primeiros direitos e retornaria à sua liberdade natural, perdendo a liberdade convencional pela qual renunciaria em favor daquela".
>
> [...] se persistissem quaisquer direitos aos particulares, como não haveria nenhum superior comum que pudesse decidir entre eles e o público, cada um sendo, de certa maneira, seu próprio juiz pretenderia de imediato sê-lo de todos, o estado de natureza subsistiria e a associação se tornaria, necessariamente, tirânica ou vã. Enfim, cada um se dando de todos não se dá de ninguém, e como não há nenhum associado sobre o qual não se obtém o mesmo direito que se cede ganha-se o equivalente de tudo que se perde e mais força para conserva-se o que tem.

Como se pode notar, quanto ao funcionamento do Estado, bem como sua finalidade, as diferenças entre os dois autores são acentuadas. Mas ambos partem da ideia de que, por necessidade, os homens pactuam um conjunto de regras de convivência e atribuem a um terceiro, o Estado – ente abstrato –, porém dotado de força e autoridade para se fazer respeitado –, as condições necessárias para organizar a sociedade e viabilizar a sua proteção.

## 4.3 O DINAMISMO DO ESTADO

A teoria contratualista difere dos naturalistas quanto à origem do Estado, mas ambas serviram como paradigma para todos que depois deles pensaram sobre este tema. Independentemente da teoria defendida quanto à origem do Estado – aqueles que entendem que o Estado é produto de um processo evolutivo da espécie humana ou os defensores do Estado como objeto de um pacto de vontade dos homens -, nas suas essências, tais teorias serviram como mola propulsora daquilo que é fundamental extrairmos: a ideia de que o Estado tem o papel fundamental de organizar e harmonizar a sociedade, integrar e proteger seus integrantes e fomentar o desenvolvimento humano em toda a sua dimensão.

Já na Idade Antiga, Platão, em sua clássica obra "A República", sustenta que *a organização política da sociedade – o que hoje chamamos de*

*Estado* – "*nasce da necessidade dos homens*" porque ninguém basta a si mesmo, mas todos precisam de muitas coisas. Aristóteles também pregava a necessidade de uma organização política como forma de trabalhar leis que garantissem a equidade como meio para se fazer a justiça. E desde os tempos antigos, estudiosos apontam a complexidade da organização política da sociedade. Não podia ser diferente, entre outras razões, pelo fato de o Estado não ser um ente estático e por ele acompanhar a dinâmica evolutiva da sociedade. Seu formato e seu fim estão sujeitos às correlações de forças variáveis no tempo e no espaço. Isso quer dizer que, a cada período e em cada território – a depender das estruturas das classes sociais, da cultura do povo, das relações econômicas internas e externas, da relação com o saber formal – altera-se a relação entre indivíduos e Estado e projeta-se uma relação de forças específicas em cada época e espaço. Estes fatores influenciam e modelam a relação jurídica entre Estado e sociedade, com consequências específicas em cada Estado nacional.

Estou entre aqueles que sustentam que o Estado expressa a correlação de forças de uma sociedade em uma determinada época. O Estado não é um ente imóvel, ele está em constante processo de mutação. É certo que são as normas jurídicas que modelam não apenas o formato do Estado e a sua estrutura, mas também a sua relação com todos os seus integrantes, bem como as relações intersubjetivas, definindo parâmetros de conduta aceitáveis.

É o Direito positivado que estrutura o Estado no formato político escolhido majoritariamente pelos seus cidadãos. Convivemos com experiências de Estados totalitários, Estados mais fechados para o mundo exterior, alguns convivem com amplas liberdades democráticas, outros impõem o controle ideológico ao seu povo, por meio de doutrinas políticas ou pelo fundamentalismo religioso. Enfim, mesmo nos Estados nacionais contemporâneos, a identidade cultural, a tradição, o processo histórico, a vocação econômica e preceitos ideológico-religiosos determinam, por modelagem jurídica, o tipo de Estado. E o modelo jurídico, quase sempre, expressa a história e, essencialmente, a cultura do seu povo.

Mas é preciso reconhecer que o fato de sociologicamente o Estado expressar, na sua essência, a correlação de forças atuantes em seu interior, não quer dizer que sempre haverá uma progressão uniforme capaz de impulsionar um modelo de Estado que, de fato, possa ser protagonista de uma sociedade onde homens e mulheres estejam no centro das suas preocupações.

Neste diapasão é que se pode considerar adequado atribuir ao ordenamento jurídico o papel de fazer do Estado uma progressão positiva na busca da satisfação de todos os seus integrantes, assegurando-lhes direitos materiais objetivos, tais como segurança, saúde, desenvolvimento sustentável, com proteção do meio ambiente e distribuição de renda mais equitativa. Como também aqueles direitos imateriais, porém fundamentais para a qualidade de vida de todos, tais como liberdade, conhecimento, igualdade de oportunidades, cultura etc.

Enfim, cada vez mais os indivíduos, bem como as sociedades particulares e corporações pertencentes a um determinado Estado, medem a legitimidade daqueles que estão na condução do Estado – o poder político – pela sua capacidade de tornar realidade as expectativas positivas, se não de todos, pelo menos da maioria de seus integrantes. Não existe justiça em sociedades onde a desigualdade é por demais acentuada.

# CAPÍTULO V

# A JUSTIÇA COMO UM FIM DO ESTADO

> A justiça é, antes de tudo, uma característica possível, porém não necessária, de uma ordem social. Como virtude do homem, encontra-se em segundo plano, pois o homem é justo quando seu comportamento corresponde a uma ordem dada como justa. Mas o que significa uma ordem ser justa? Significa essa ordem regular o comportamento dos homens de modo a contentar a todos, e todos encontrarem sob ela a felicidade. O anseio por justiça é o eterno anseio do homem por felicidade. Não podendo encontrá-la como indivíduo isolado, procura esta felicidade dentro da sociedade. Justiça é felicidade social, é a felicidade garantida por uma ordem social. Nesse sentido Platão identifica justiça na felicidade, quando afirma que só o justo é feliz e o injusto, infeliz. (Hans Kelsen)[29]

Falar de Estado, de sociedade e de Direito positivo, sem se perder em generalidades subjetivas, é um desafio para todos que ousam pensar esses temas com o objetivo de torná-los instrumento de justiça. Sem nenhuma pretensão de alcançar formulações precisas acerca destes assuntos, até porque deles derivam outros como justiça, igualdade, liberdade, individualidade, coletividade, direitos, princípios, leis,

---

[29] KELSEN, Hans. *O Que é Justiça?*. São Paulo: Martins Fontes, 2001, p. 2.

correlação de forças, enfim, uma gama de questões igualmente subjetivas e que não há um único conceito capaz de expressar uma unanimidade acerca do tema.

O Estado existe para ser um instrumento de justiça social. Então, falemos de justiça – uma busca permanente da sociedade, justificativa para muitas ações e omissões com consequências maiores ou menores. Sem dúvida, as controvérsias e inquietações que brotam das polêmicas elaborações acerca deste tema funcionam como mola propulsora, proporcionando um maior compromisso de homens e mulheres com a construção de sociedades mais equilibradas e ponderadas. O espírito da solidariedade e da fraternidade ou de respeito para com outrem deve ser elemento motivador de construção de normas jurídicas que, de fato, sirvam de instrumento de construção de uma justiça possível.

## 5.1 A JUSTIÇA E SUA SUBJETIVIDADE VALORATIVA

Chaim Perelman, um filósofo moderno com presença marcante no mundo do Direito, consciente da subjetividade que marca o tema da justiça, faz uma afirmação parida da vida real, do dinamismo histórico, das ideologias e dos valores culturais e aflora uma bela reflexão. Ele escreve:

> É sempre útil e importante poder qualificar de justas as concepções sociais que se preconizam. Todas as revoluções, todas as guerras, todas as revoltas sempre se fizeram em nome da justiça. E o extraordinário é que sejam os partidários de uma ordem nova como os defensores da ordem antiga, clamam com seus votos pelo reinado da justiça. E quando uma voz neutra proclama a necessidade de uma paz justa, todos os beligerantes ficam de acordo e afirmam que essa paz justa só será realizada quando o adversário for aniquilado.[30]

As afirmações do autor citado nos levam, ao analisar as opiniões divergentes ou até antagônicas sobre o tema justiça, a relativizá-las.

[30] PERELMAN, Chaim. *Ética e Direito*. São Paulo: Martins Fontes, 1996, p. 8.

Impossível seria estabelecer um critério de certo ou errado, quem está com a verdade ou quem está mentindo. Provavelmente todos os antagonistas estão sendo verdadeiros; ao defenderem suas causas, defendem-nas por acreditar sinceramente que elas levarão à concretização do seu conceito subjetivo de justiça. Pode acreditar leitor: nenhum deles engana ninguém, pois como afirma Perelman, "*cada qual fala da sua justiça*"[31].

Vê-se que é ilusória a tentativa de definir a justiça como se fosse um cânone – algo para ser reverenciado sem muitos questionamentos. Então, não se trata de propor aqui o único caminho assertivo e preciso para que todos – homens e mulheres – projetem em si um único conceito de justiça.

Não se trata de oferecer elementos reflexivos para que os indivíduos possam escolher o melhor caminho que leve a sua concepção de justiça à prosperar. Até porque na subjetividade de cada indivíduo, a depender das circunstâncias fáticas, da coisa em questão, da pessoa ou do grupo de pessoas envolvido e dos objetivos em voga do julgador, o juízo de valor é personalíssimo. Então, foquemos nossa análise no conceito de justiça formal, isto é, naquilo que está expresso nas normas jurídicas concretas, pois este é o meio mais adequado para analisar, com certa isenção, ações e omissões em julgamentos dentro de parâmetros que atendam à combinação dos princípios da razoabilidade e da proporcionalidade. É forçoso destacar que toda e qualquer ação ou até mesmo omissão carrega consigo, quase sempre, uma finalidade objetiva explícita ou implícita.

A busca por justiça é a combinação da razoabilidade dos fins e dos meios proporcionais adequados. Esta combinação impõe uma permanente vigilância das suas consequências, sob pena da ausência do juízo de ponderação afastar o elemento equidade, um dos fundamentos importantes para a busca da justiça.

Entendo que somente através de uma ordem jurídica clara e precisa, pactuada e aceita pelos integrantes de uma comunidade política (Estado), é possível certa "padronização comportamental" como o

[31] PERELMAN, Chaim. *Ética e Direito*. São Paulo: Martins Fontes, 1996, p. 8.

melhor caminho para "moldar" parâmetros aceitáveis para se alcançar uma justiça possível. Digo *possível* exatamente para expressar a convicção da relatividade do tema. Qualquer outro modelo de justiça que não esteja dentro dos parâmetros jurídicos formais e associados aos parâmetros estabelecidos em regras que concretizam o Estado Democrático de Direito ficará por conta da subjetividade valorativa de cada personagem em questão, foge às regras gerais e traz consigo uma limitada capacidade de dar a este tema a amplitude socialmente necessária.

Chaim Perelman[32] escreve que "*um ato é formalmente justo se observa uma regra que anuncia tratar de certa maneira todos os seres de uma determinada categoria. Observe-se que a própria regra não é submetida a nenhum critério moral; a única condição que deve preencher é de natureza puramente lógica*".

Logicamente, quando se opta por um sistema formal com força vinculante e de efeitos gerais para categorias de pessoas, refere-se a um sistema de normas jurídicas pactuado por todos ou por uma maioria expressiva, e que deve ser aceito ou, no mínimo, obedecido por toda uma coletividade que forma um Estado. Estas normas nos Estados Democráticos de Direito devem ser legitimadas por todos, ou então, por representantes legitimados democraticamente. Devem padronizar aquilo que forma categorias comuns de indivíduos ao que se refere à sociedade em geral, sem distinção de segmentos, positivando direitos que propiciem a todos os meios capazes de viabilizar a justiça.

Perelman continua sua consistente formulação ao exemplificar o que entende por categoria: "*Trata-se de punir ou de recompensar, de tratar uma lei sobre sucessões, um regulamento sobre as vias públicas ou uma taxa aduaneira, se a regra estabelece a obrigação de tratar de uma determinada forma os seres de certa categoria; da obrigação da regra resulta em um ato formalmente justo*".

## 5.2 A JUSTIÇA COMO EQUIDADE

As citadas reflexões de Perelman ajudam na construção de uma fórmula de aplicabilidade da norma jurídica na perspectiva de instrumentalizá-la com o fim de se buscar a justiça. Por exemplo: uma lei que

---

32 PERELMAN, Chaim. *Ética e Direito*. São Paulo: Martins Fontes, 2005, p. 51.

regulamenta a forma de proceder à sucessão em determinado Estado atende a uma categoria de pessoas – aquelas cujo falecimento de um ente as coloca no rol de beneficiários dos bens por ele deixados na forma de herança. Neste caso, na impossibilidade de um consenso voluntário entre as partes, a "justiça" se fará com a aplicabilidade de uma regra estatal (formal) do Direito versando sobre a matéria. É isso que dará equilíbrio no tratamento e propiciará a segurança jurídica e, neste caso, a "certeza do Direito" passa a ser sinônimo de justiça.

Outro exemplo que podemos extrair da obra citada é o regulamento de vias públicas. Tomemos como exemplo o controle de velocidade padronizado para automóveis de passeio em uma determinada via. Neste caso, falamos de uma categoria de cidadãos, os motoristas de automóveis de passeio. O justo é todos aqueles enquadrados nesta categoria obedecerem ao limite de velocidade estabelecido. Qualquer cidadão condutor de automóvel de passeio que desrespeitar a regra estará rompendo um pacto que tem como propósito estabelecer um critério formal de justiça, e, por consequência, estará rompendo uma norma de equidade, portanto, será sancionado.

Nos exemplos citados a busca do equilíbrio de tratamento nutre o senso natural de justiça de homens e mulheres através da equidade, mas este senso de justiça só torna a regra uniforme quando adquire dimensão formal e vice-versa, ou seja, mesmo na hora de aplicar a lei é preciso considerar como regra de ponderação o princípio da equidade. Equidade consiste na adaptação da regra existente à situação concreta, observando-se os critérios de justiça e igualdade. Pode-se dizer, então, que a equidade adapta a regra a um caso específico, a fim de que com sua aplicabilidade seja feita a ponderação necessária, sem a qual não há como viabilizar uma solução justa para a contenda. Ela é uma forma de se aplicar o Direito buscando o equilíbrio necessário entre as partes envolvidas, a situação fática e a complexidade das lides.

Em sua história, a humanidade buscou modelos que pudessem aproximar o homem ao máximo possível da justiça. Na clássica obra aristotélica, "Ética a Nicômaco" – em seu livro V –, por exemplo, percebe-se uma clara preocupação em associar a justiça à ideia de bens materiais e imateriais distribuídos para o todo social. Partindo do conceito de lei geral com efeito para todos e da associação da lei ao bem comum, Aristóteles sustenta que "o "*justo*" *significa aquilo que é legal e aquilo que é igual ou equitativo, e o* "*injusto*" *o que é ilegal e aquilo que é desigual ou não equitativo*". E acrescenta: "*É na justiça que se encontra toda a virtude somada*".

Percebe-se que no pensamento antigo havia a clareza da impossibilidade de se chegar a um conceito de justiça em sentido amplo, individualizando ações. Por outro lado, já se estabeleciam critérios jurídicos, estatais, portanto, para viabilizar um modelo de justiça. Em Aristóteles é impossível dissociar o justo do universo humano em convivência na *Polis*. Era na *Polis* que o indivíduo realizava seus sentimentos de pertencimento e não havia como viver nas cidades sem reconhecer as regras de convivência coletiva. É exatamente aí que consiste o despertar grego para o Direito e a Política como meio de buscar estabelecer um padrão de sociabilidade equilibrada. Assim define Aristóteles:

> Vamos apurar em quantos sentidos diz-se de um indivíduo ser ele "injusto". Ora, o termo "injusto" é tido como indicativo tanto do indivíduo que transgride a lei quanto do indivíduo que toma mais do que aquilo que lhe é devido, o indivíduo não equitativo. Consequentemente, fica claro que o homem que obedece a lei e o homem equitativo serão ambos justos. O "justo", portanto, significa aquilo que é legal e aquilo que é igual ou equitativo, e o "injusto" significa aquilo que é ilegal que é desigual ou não equitativo[33].

Como afirmado antes, já na Antiguidade a questão da justiça não era uma questão apenas da subjetividade do homem. Para além de uma ação individualizada, já havia um delinear abstrato de justiça associado ao sentimento de pertencimento à cidade, o sentido de uma ambiência social de justiça. Quando Aristóteles afirma que "*o justo é agir em conformidade com a lei*", ele se refere a uma norma de sociabilidade pactuada.

---

[33] ARISTÓTELES. *Ética a Nicômaco*. São Paulo: Edipro, 2007, p, 146.

Portanto, associa-se à justiça também um agir coletivo, um comportamento coletivo. Já na Antiguidade se via na equidade um instrumento de ponderação como forma de aproximar a norma o máximo possível da situação fática.

Em uma visão contemporânea deste conceito de justiça, John Rawls, em sua obra "Uma Teoria da Justiça", sem confundir equidade e justiça como sinônimos, apresenta a equidade como sendo sua ideia central de justiça, e afirma:

> Meu objetivo é apresentar uma concepção de justiça que generalize e eleve a um nível mais alto de abstração a conhecida teoria do contrato social conforme encontrada em digamos, Locke, Rousseau e Kant. Para isso, não devemos achar que o contrato original tem a finalidade de inaugurar determinada sociedade ou de estabelecer uma forma específica de governo. Pelo contrário, a ideia norteadora é que os princípios de justiça para a estrutura básica da sociedade constituem o objeto do acordo original. São eles os princípios que pessoas livres e racionais interessadas em promover seus próprios interesses, aceitariam em uma situação inicial de igualdade como definidores das condições fundamentais de sua associação. Esses princípios devem reger todos os acordos subsequentes; especificam os tipos de cooperação social que podem realizar e as formas de governo que podem instituir. Chamarei de justiça com equidade essa maneira de encarar os princípios da justiça.[34]

Esta teoria de justiça generaliza e eleva a um nível mais alto de abstração a concepção tradicional do contrato social, pois como diz Rawls, "*a justiça é a virtude primeira das instituições sociais, assim como a verdade o é dos sistemas de pensamento*". Veja que, em que pese a enorme distância temporal que separa os dois (Rawls – 1971 e Aristóteles – 384 a.C), notam-se muitas semelhanças conceituais na relação entre esses pensadores.

Rawls, ao definir como um parâmetro para a formalização de um método para se buscar justiça o contrato social, faz uma clara distinção

---

[34] RAWLS, John. *Uma teoria de Justiça.* São Paulo: Martins Fontes, 2008, p. 13.

entre o que é subjetivo, um sentimento natural de justiça, e o formalismo pactuado: "*Assim devemos imaginar que aqueles que entram em cooperação social escolhem juntos, em um único ato conjunto, os princípios que devem atribuir os direitos e deveres fundamentais e determinar os benefícios sociais. Os homens devem decidir de antemão como devem regular suas reivindicações mútuas e qual deve ser a carta funcional de sua sociedade*". É isso mesmo. Nos tempos contemporâneos não há possibilidade de construção de um padrão social de justiça sem uma ordem jurídica central e balizadora para ser instrumentalizada para este nobre fim – a Constituição como instrumento dos direitos fundamentais.

## 5.3 OS DIFERENTES MODELOS DE JUSTIÇA

Perelman, de forma didática, busca com objetividade relacionar os modelos de justiça sobre os quais a humanidade vem debatendo ao longo de sua história. Ele cita os seguintes exemplos[35]:

> A cada qual a mesma coisa.
> A cada qual segundo os seus méritos.
> A cada qual segundo as sua obras.
> A cada qual segundo as suas necessidades.
> A cada qual segundo sua posição.
> A cada qual segundo o que a lei lhe atribui.

1 – *A cada qual a mesma coisa*[36]: este é o critério igualitarista ou humanista de justiça, distante, portanto, da realidade objetiva e impossível de se viabilizar como uma regra geral com efeito *erga omnes*. Este critério, "a cada qual a mesma coisa", talvez possa ser adequado para agrupamentos de indivíduos restritos com profundas semelhanças culturais, sociais e econômicas, mas nunca como regra para ser implementada em um determinado Estado. É claro, em qualquer sociedade organizada, quanto mais diminuem as desigualdades sociais – desigualdades em seu aspecto amplo – maiores são as possibilidades de redução das

[35] PERELMAN, Chaim. *Ética e Direito*. São Paulo: Martins Fontes, 2005, p. 9.
[36] PERELMAN, Chaim. *Ética e Direito*. São Paulo: Martins Fontes, 2005, p. 9.

desigualdades materiais entre os indivíduos componentes. Porém, este igualitarismo que Norberto Bobbio, em sua obra *Teoria Geral da Política*,[37] classificou de "*igualdade de todos em tudo*", não passa de um ideal utópico que a história tem desmentido. Tal conceito em nenhuma experiência de organização política vivida pelos povos tem se mostrado factível. O próprio Bobbio não vê este conceito aplicável como regra. Na obra citada ele afirma: "*Não é preciso acrescentar que se trata de um ideal limite. Historicamente, e praticamente, uma doutrina igualitária pode ser definida como aquela que exige a igualdade do maior número de indivíduos para o maior número de bens*".[38]

2 – *A cada qual segundo os seus méritos*[39]: um critério que valoriza a *expertise*, ou seja, dá o valor de acordo com o conhecimento, a experiência e a prática do indivíduo. Em se tratando de valorização funcional empresarial, este é um critério que se ajusta bem. Por este critério, desvincula-se a justiça da igualdade, individualiza-se a avaliação de méritos e adotam-se parâmetros invertidos sobre os critérios marxistas da necessidade. Nesse caso, quanto maior a escassez profissional em uma determinada função, mais valorizado estará o indivíduo profissional apto ao exercício da função desejada. Não se pode desprezar sua aplicabilidade em algumas corporações ou até mesmo em determinadas situações pelo próprio Estado quando, por exemplo, poderá ser adotada como exceção quando se tratar de uma necessária superação de insuficiências em algumas áreas cujas políticas públicas exijam certos diferenciais qualificativos profissionais, mas nunca servir de regra geral a ser aplicada, indistintamente, com efeito para todos.

3 – *A cada qual segundo a sua obra*[40]*:* este é um critério que valoriza o já feito. Não se trata, portanto, de tratamento igual. Nesse caso o que se destaca é o critério aritmético proporcional. Como afirma Perelman[41]:

---

[37] BOBBIO, Norberto. *Teoria Geral da Política*. São Paulo: Campus, 2000, p. 298.

[38] BOBBIO, Norberto. *Teoria Geral da Política*. São Paulo: Campus, 2000, p. 299.

[39] PERELMAN, Chaim. *Ética e Direito*. São Paulo: Martins Fontes, 2005, p. 9.

[40] PERELMAN, Chaim. *Ética e Direito*. São Paulo; Martins Fontes, 2005, p. 10.

[41] PERELMAN, Chaim. *Ética e Direito*. São Paulo; Martins Fontes, 2005, p, 10.

"*Este critério não leva em conta a intenção nem o sacrifício realizados, mas única e exclusivamente o resultado da ação*". Estamos aqui falando de um critério individualizado ou, no máximo, segmentado de aplicabilidade da justiça. Só em algumas circunstâncias este critério poderá atender a uma necessidade coletiva, no caso quando a bonificação de uma ação merecedora servir de exemplo capaz de modificar comportamentos – uma espécie de emulação social com repercussões para além do resultado da ação ou do feito em si. A depender das circunstâncias, o Estado poderá adotá-la mais como uma exceção e nunca como uma regra geral. Apesar de limitado e não ser determinante na construção de uma justiça social, é um critério valorativo interessante e aplicável, não com efeito igual para todos *(erga omnes)*, porém aproveitável em qualquer regime político, principalmente quando se tratar de obras realizadas que sirvam de modelos incentivadores de uma prática harmoniosa capaz de influenciar toda uma comunidade.

4 – *A cada qual segundo a sua necessidade*[42]: esta fórmula da justiça, em vez de levar em conta os méritos do homem ou a sua produção, tenta, sobretudo, diminuir os sofrimentos que resultam da impossibilidade em que se encontra o indivíduo em satisfazer suas necessidades essenciais. É uma fórmula que se aproxima muito da concepção de caridade praticada principalmente pelos religiosos. Está mais próxima da piedade, do dever subjetivo de solidariedade. Para ser aplicada em um contexto social mais amplo, esta fórmula de justiça fica mais completa quando se baseia na díade *a cada qual segundo sua necessidade, para cada qual segundo sua capacidade.* Esta fórmula introduzida na ciência política pelo alemão Karl Marx talvez seja aquela que melhor formula uma projeção igualitária para a humanidade. Isso não quer dizer que seja de fácil aplicabilidade, exatamente pelo fato de exigir combinar necessidade com capacidade. Norberto Bobbio explica:

> Isto não significa que, em uma doutrina igualitária, o critério da necessidade seja o único critério admitido. No programa social dos iguais, é acolhido também o critério da capacidade. Mas é

[42] PERELMAN, Chaim. *Ética e Direito*. São Paulo; Martins Fontes, 2005, p. 10.

> acolhido para a distribuição não dos bens, mas dos ônus, isto é, na repartição dos diferentes trabalhos. Se é verdade que todos devem trabalhar e ninguém deve permanecer ocioso – nisso reside a igualdade com relação ao trabalho -, disso não deriva necessariamente que todos devam fazer o mesmo trabalho. Com qual critério então devem ser designados os diferentes trabalhos? Buonarroti retorna com frequência a esse tema e todas as vezes rebate o princípio segundo o qual o único critério que permite repartir de modo equânime os diversos trabalhos é o critério da capacidade. Resumindo: os princípios da doutrina para defender a igualdade dos ataques dos inimigos, assim se expressa sinteticamente: "A *igualdade deve ser medida pela capacidade do trabalhador e pelas necessidades do consumidor*" (p. 213). A oposição com relação à doutrina liberal não poderia ser mais clara: enquanto para a doutrina liberal o critério menos igualitário, o critério da capacidade, é invocado para justificar a desigualdade das fortunas, na doutrina igualitária o mesmo critério é invocado para justificar a desigualdade dos deveres que cada um tem diante da sociedade.

Vejamos: se para os igualitaristas fazer justiça é buscar fazer do critério da capacidade combinado com o da necessidade a realização de uma justiça distributiva, em que a expectativa de uma maior igualdade social é o móvel das transformações sociais, sempre se orientando pela igualdade do ponto de chegada, para os liberais esse mesmo critério, o da capacidade, vem para justificar as diferenças por eles concebidas como desigualdades naturais.

Para os liberais o fundamental é dar a todos a mesma posição de largada, ou igualdade do ponto de partida, ou ainda, a chamada igualdade formal. A partir daí, o que define a posição social do indivíduo é o critério da capacidade. Para os liberais o critério da necessidade está presente como uma concessão social, como forma de legitimação do poder, um meio de aproximar os seus dirigentes dos governados.

Não há dúvidas de que estas duas fórmulas de justiça combinadas – "a cada qual segundo a sua necessidade" e "a cada qual segundo a sua capacidade" –, fazem uma ponderação aconselhada em qualquer sociedade que tenha o ser humano como centro de suas ações. "A cada qual segundo a sua necessidade" é um critério que força o Estado a ter uma ação voltada para as pessoas que, por algum motivo, estão em um momento de fragilidade na sua vida; "a cada qual segundo sua capacidade" é a valorização do esforço individual de cada membro da sociedade política. "*De maneira que para que haja justiça, toda pessoa que tenha uma safra abundante, não tenha demais; toda pessoa que tenha uma safra pequena, não tenha de menos*".[43]

5 – *A cada qual segundo a sua posição*[44]: eis uma fórmula aristocrática de justiça. Consiste em tratar os seres não conforme critérios intrínsecos ao indivíduo, mas conforme sua pertença a uma ou outra categoria. Nesta fórmula o que se leva em consideração é a posição social de cada membro, ao invés de universalizar um conceito de justiça. Por esta fórmula a sociedade é segmentada em categorias diversas que serão tratadas de formas diferenciadas de acordo com sua posição social. É o reconhecimento das desigualdades sociais como sendo algo natural.

6 – *A cada qual segundo o que a lei lhe atribui:*[45] este é um modelo que se ajusta bem à justiça formal: "*Ser justo é atribuir a cada um o que lhe cabe, cumpre, para evitar um círculo vicioso, poder determinar o que cabe a cada homem, se atribuímos à expressão 'o que cabe a cada homem' um sentido jurídico, chegamos à conclusão que ser justo é conceder a cada ser o que a lei lhe atribui*". Veja que esta fórmula é mais realista e adequada ao formato de Estado contemporâneo, mais adequada ainda em se tratando de Estado Democrático de Direito, quando adotamos o conceito de democracia defendido por Norberto Bobbio: [...] "*O único modo de se chegar a um acordo quando se fala de democracia, entendida como contraposta a todas as formas de governos autocráticos, é o de considerá-la caracterizada por um conjunto de regras (primárias ou fundamentais) que estabelecem quem está autorizado a tomar decisões coletivas e com quais procedimentos*".[46] Bobbio completa: [...]

---

[43] SILVA FILHO, João Antonio da. *A Democracia e a Democracia em Norberto Bobbio*. São Paulo: Verbatim, 2014, p. 182.

[44] PERELMAN, Chaim. *Ética e Direito*. São Paulo: Martins Fontes, 2005, p. 11.

[45] PERELMAN, Chaim. *Ética e Direito*. São Paulo: Martins Fontes, 2005, p. 12.

[46] BOBBIO, Norberto. *O Futuro da Democracia*. 11ª ed., São Paulo: Paz e Terra, 2009, p. 30.

"*Para um regime democrático, o estar em transformação é o seu natural: a democracia é dinâmica, o despotismo é estático e sempre igual a si mesmo*".[47] Esta afirmação corrobora a ideia de que, em se tratando de normas jurídicas em regimes democráticos, fala-se de uma ciência mutante. Portanto, em um modelo jurídico positivista, o valor da norma é a resultante da relação dialética, dos conflitos sociais, especialmente das pressões dos setores sociais organizados juntos aos legisladores – é desta disputa pelo conteúdo da norma que se projetam os desejos de relações sociais equânimes. Resutantes deste processo, as normas jurídicas pactuadas, uma vez adentradas ao ordenamento jurídico, carregam em si um valor. Neste caso, a validade das normas associa-se à eficácia para torná-las socialmente viáveis – é o Direito, *expressão de correlação de forças,* dialeticamente formalizando modelos de relações sociais, cujos parâmetros pactuados sejam expressão do justo possível.

## 5.4 O DIREITO POSITIVO COMO INSTRUMENTO DA COLETIVIDADE NA SUA BUSCA POR JUSTIÇA

A sociedade, consciente de que nos Estados Democráticos de Direito são as normas jurídicas que organizam a convivência social em toda sua dimensão e que tais normas jurídicas positivas são o principal paradigma para a busca de relações sociais equânimes e justas, organiza-se para positivar suas conquistas. Até porque nos Estados nacionais contemporâneos o Direito positivo e as conquistas sociais são duas faces de uma mesma moeda. Aliás, o Direito positivo nos tempos atuais é que oferece a certeza do direito à coletividade.

Hans Kelsen, o mais comentado dos positivistas, pelos seus apoiadores e pelos seus críticos, brinda-nos com uma formulação objetiva para expressar a necessidade de sintonia com os tempos positivistas vividos pelas gerações contemporâneas. O Direito para Kelsen é o que é, objetivamente:

> Na Teoria do Direito encontramos dois tipos de juízo que são, ambos, geralmente considerados juízos de valor, embora exista

[47] BOBBIO, Norberto. *O Futuro da Democracia.* 11ª ed., São Paulo: Paz e Terra, 2009, p. 19.

> uma diferença essencial entre eles. Um refere-se à conduta do sujeito do Direito e qualifica esta conduta lícita (legal, certa) ou ilícita (ilegal, errada). Conceito como "Direito legal", "dever legal" e "delito" derivam seu significado de juízos dessa espécie. Os juízos de segundo tipo referem-se ao próprio Direito ou à atividade das pessoas que criam o Direito. Eles afirmam que a atividade do legislador, ou seu produto, o Direito, é justo ou injusto. Com certeza a atividade do juiz também pode ser considerada justa ou injusta, mas apenas na medida em que ele atua na condição de criador do Direito. Na medida em que meramente aplica o Direito, sua conduta é qualificada como lícita ou ilícita, exatamente como a conduta dos que estão sujeitos ao Direito.[48]

Observe que na teoria kelseniana, se em alguma passagem se discute o valor da norma, é no momento de sua criação. Depois que uma norma adentra o ordenamento jurídico, o que deve qualificar qualquer conduta são os parâmetros legais estabelecidos (o lícito e o ilícito).

O que se preconiza é que o sistema de normas de um determinado Estado revela um valor jurídico, expressando uma relação histórica, a identidade cultural e os costumes do seu povo. Aliás, o Estado é quase sempre a expressão de uma história e da identidade cultural de um povo – que organiza interesses comuns – projetando uma expectativa positiva futura. Quando em uma determinada sociedade o sistema de normas positivas caminha em direção contrária aos interesses coletivos, sua deslegitimação é uma questão de tempo. E quando nada mais se espera de uma ordem jurídica, a história dos povos tem registrado revoltas, revoluções e rupturas cuja consequência, quase sempre, é o surgimento de uma nova ordem jurídica capaz de expressar essa nova correlação de forças.

A paz é fruto de uma ordem jurídica socialmente equilibrada em que cada indivíduo membro vê suas expectativas em uma perspectiva positiva de concretização. Só uma ordem positiva pactuada e aceita por

---

[48] KELSEN, Hans. *O Que é Justiça?* São Paulo: Martins Fontes, 2001, p. 203.

todos é capaz de restaurar a paz e uniformizar opiniões em um mesmo rumo. Kelsen também não aponta a solução definitiva para um sistema jurídico cem por cento justo, mas ao avalizar o Direito como uma ciência objetiva, centrada em um sistema de normas positivas, ele procura delimitar um campo jurídico, propiciando a todas as comunidades políticas uma fórmula objetiva para a resolução das desavenças com parâmetros claros e socialmente "combinados", capazes de suavizar a subjetividade valorativa do Direito e colocá-lo em um outro patamar – o de elevar a condição do Direito a instrumento eficaz para se fazer da justiça um bem passível de alcance para o conjunto da sociedade.

O fundamental é absorver destes conceitos a relação direta existente quando comparamos poder e ordenamento jurídico – Estado e a ideia de justiça social. A relação estabelecida aqui é o poder legitimado pela sociedade, esta entendida como expressão de uma estrutura política organizada cuja finalidade é sua busca constante pela harmonia social.

Quando se fala de lei geral com o fim de alcançar o bem comum ou, então, do resgate do contrato social, em que pesem as diferentes abordagens, estamos sustentando que os seres humanos se juntam e formulam tratados e termos cooperativos que visam objetivos mútuos. Estes são resultantes da composição entre interesses gerais e coletivos. Em outras palavras, o que leva as pessoas a se associarem é a percepção de que a cooperação pode propiciar uma vida melhor para todos, mais do que qualquer um, individualmente, conseguiria com seu próprio esforço. E ao se associarem é a capacidade de cada membro de levar em conta a disposição de se reconhecer, imparcialmente, no Direito de cada indivíduo membro, que conta para uma composição dos interesses individualizados com a razão coletiva de justiça.

É possível perceber que não há como separar a questão da justiça social das normas jurídicas. Diria mais: não há como corrigir os desvios individuais de conduta, assegurando a todos isonomia de tratamento sem que haja regras de Direito claras, entendidas e aceitas por todos. Portanto, não há como fugir: a justiça é a expressão de tratamento isonômico entre as pessoas, na paz e no bem estar social, tudo isso com relação direta com uma maior igualdade e distribuição de bens materiais e imateriais para a realização da felicidade das pessoas.

É aí que se concretiza a justiça e não nas razões subjetivas dos indivíduos possuídos por um sentimento e desejo de relações solidárias e fraternas entre os humanos. Por tudo isso é que se justifica a ânsia da sociedade em positivar direitos com o fito de influenciar as ações concretas por parte de quem conduz o Estado. São estas ações que projetam a esperança de toda uma coletividade movida por expectativas positivas que se prolongam no tempo e se renovam progressivamente na medida de suas realizações concretas.

Há de se concluir que na era da positivação de direitos, fazer com que a justiça social aconteça é ampliar as conquistas sociais, fazendo destas um objetivo do Estado Democrático de Direito. Isso implica em transformar essas conquistas em ordem jurídica, a ordem jurídica em expressão dos anseios da sociedade e no equilíbrio de forças capazes de assegurar a todos, não só oportunidades iguais, mas a tão sonhada equidade nas complexas relações intersubjetivas, onde os valores individualizados possam se projetar positivamente na organização coletiva da comunidade política.

# Capítulo VI

# O ESTADO E A ORGANIZAÇÃO SOCIAL

Um fator decisivo é que a sociedade, em todos os seus níveis, exclui a possibilidade de ação que antes era exclusiva do lar doméstico. Ao invés de ação, a sociedade espera de cada um dos seus membros certo tipo de comportamento, impondo inúmeras e variadas regras, todas tendentes a "normalizar" os seus membros, a fazê-los "comportarem-se", a abolir a ação espontânea ou a reação inusitada. Com Rousseau, encontramos essas imposições nos salões da alta sociedade, cujas convenções sempre equacionam o indivíduo com a sua posição dentro da estrutura social. O que importa é esse equacionamento com a posição social, e é irrelevante que a estrutura seja a categoria na sociedade semifeudal do século XVIII, o título da sociedade de classes do século XIX, ou a mera função na atual sociedade de massas. O surgimento das sociedades de massas, pelo contrário, indica apenas que os vários grupos sociais foram absorvidos por uma sociedade única, tal como as unidades familiares haviam antes sido absorvidas por grupos sociais; com o surgimento das sociedades de massas, a esfera social atingiu finalmente, após séculos de desenvolvimento, o ponto em que abrange e controla, igualmente e com igual força, todos os membros de determinada comunidade. Mas a sociedade equaliza em quaisquer circunstâncias, e a vitória da igualdade no mundo moderno é apenas o reconhecimento político e jurídico do fato de que a sociedade conquistou a esfera pública, e que a distinção e a diferença reduziram-se a questões privadas do indivíduo".[49]

---

[49] ARENDT, Hannah. *A Condição Humana*. Rio de Janeiro: Forense Universitária; 2009, pp. 50-51.

## 6.1 A DECOMPOSIÇÃO DA ENVELHECIDA SOCIEDADE FEUDAL

Os Estados nacionais contemporâneos nasceram da derrocada do sistema feudal, com o crescimento e proliferação da burguesia e com a ascensão das teses liberais em contraposição ao absolutismo monárquico. No final dos séculos XVIII e XIX a nova classe emergente, a burguesia, empenhada em limitar o poder absoluto dos monarcas e dos conservadores da época, inicia um processo de disputa política para forçar o Estado a adotar um novo conceito de liberdade e a estabelecer outro marco legal nas relações entre governo e governados, questionando velhos hábitos medievais exclusivamente verticalizados de se fazer política, forjando novos valores e impondo novos paradigmas para a relação entre Estado e sociedade civil.

A envelhecida classe dominante, protagonista no modelo feudal de controle político, centrado em um modelo econômico agrário (nos grandes proprietários de terras, na servidão, na vassalagem e no controle político absoluto dos súditos), já não possuía legitimidade e energia política suficiente para manter-se no poder. A nova realidade socioeconômica, com o surgimento de uma forte classe mercantilista, as profissões liberais e a expansão do acesso ao ensino, impôs outra dinâmica à disputa política da época. Liderados pela emergente burguesia, começam a surgir outros conceitos de Estado, altera-se o conceito de liberdade e surgem novos parâmetros legais, enfim começa a ganhar força um modelo de Estado protetor da expansão mercantilista.

## 6.2 PROGRESSIVAMENTE, UM NOVO MODELO DE ESTADO VAI SE IMPONDO

Ao longo da sua história, as sociedades politicamente organizadas vêm debatendo o papel do Estado. Independente da teoria defendida, como por exemplo, o surgimento do Estado como sendo produto da evolução natural, ou então os defensores da tese de que este é a resultante de um acordo de vontades, um contrato social, os contratualistas –, o fato é que no mundo contemporâneo não é possível mentalizar um povo, com identidade cultural, vivendo em harmonia em um mesmo território, sem que por trás desta convivência harmoniosa esteja aquilo que se convencionou chamar de Estado.

Seja na visão de constituição do Estado dos naturalistas ou dos contratualistas ou nas divergências que separam no mundo do Direito os positivistas e os jusnaturalistas, as normas que autorizam o Estado a agir são um construído humano que visa organizar e humanizar o convívio social para que não ocorra aquilo que Thomas Hobbes classificou de "*guerra de todos contra todos*".

O Estado é uma necessidade humana. Alguns pensadores, de "hoje e de ontem", reconhecem e reconheciam este fenômeno humano – o Estado – como sendo algo inerente ao convívio social. O Estado, portanto, não é uma invenção teórica abstrata – é uma construção humana para responder, com objetividade, aos dilemas concretos que nascem da natureza do dinamismo social e das suas diferentes contradições.

## 6.3 NÃO HÁ ESTADO SEM UM SISTEMA DE NORMAS JURÍDICAS

Independentemente do ângulo da análise, a conclusão a que se chega é que não há caminho para a construção da harmonia, da paz, da liberdade, das ações solidárias e de maior igualdade social sem um sistema de normas jurídicas pactuadas pela sociedade, um sistema positivo de normas integradas, que esteja em sintonia com a história, os costumes e a cultura que une um povo em um determinado território. É esta integração de valores que possibilita o agir em comunhão, em que um conjunto de indivíduos procura associar-se para projetar, para além do seu universo limitado, uma perspectiva coletiva positiva, vislumbrando um encurtar de caminho rumo às conquistas que facilitem um convívio social harmônico. É alimentar, para além do seu tempo, a perspectiva de um viver melhor em todas as dimensões.

Vale destacar que estamos sob a égide de um enraizado modelo juspositivista que busca isolar o sistema de normas e sua validade das questões valorativas, no qual o Direito válido se constitui a partir das normas, postas por órgãos estatais competentes e legitimadas pela sociedade.

No mundo contemporâneo conquistas sociais se concretizam com a positivação de direitos e o Direito positivo tem se tornado um instrumento eficaz para propiciar a necessária segurança jurídica a todos.

O processo evolutivo das diversas formas de organização política dos povos projetou para a humanidade um modelo que se impõe como instrumento de todos na busca de uma melhor harmonia social, respeitadas as diferenças, sejam elas ideológicas, religiosas, étnicas ou físicas. Para que este objetivo possa ser alcançado, o processo evolutivo chegou ao contemporâneo Estado Democrático de Direito.

Não se trata de defender qualquer formato de Estado e sim de propugnar um tipo de Estado cujo objetivo primordial é a incansável busca pela construção da justiça social. Trata-se, portanto, da defesa explícita do Estado Democrático de Direito, que é o melhor formato de organização projetado pela humanidade, respeitando a pluralidade da sua composição social, construindo acordos progressivos que expressem a vontade majoritária dos seus componentes. Estes acordos, como sustento na obra "A Democracia e a Democracia em Norberto Bobbio", não pressupõem unanimidade de opiniões e sim entendimentos progressivamente construídos por maiorias que, a partir de regras previamente delimitadas com o consentimento majoritário, formulam acordos de vontades que expressam o equilíbrio necessário para a coletividade seguir em frente, visando sempre sua harmonia. Vejam o que escrevi:

> Aparentemente, a unanimidade é o que torna o corpo coletivo mais sadio, uma vez que sua voz se projetaria de modo uníssono. Na prática, a unanimidade assim entendida, além de impraticável, é um desserviço à formação de um coletivo. Um coletivo se forma não pela unanimidade de posições de seus integrantes; esta unanimidade, em sociedades complexas como são as atuais, simplesmente não existe. O que forma um coletivo e torna sua existência duradoura é a sua capacidade de formar consenso, e o consenso nada tem a ver com unanimidade. O consenso é um acordo entre várias pessoas, é uma anuência dada; já a unanimidade é uma conformidade geral de opiniões.[50]

---

[50] SILVA FILHO, João Antonio da. *A Democracia e a Democracia em Norberto Bobbio*. São Paulo: Verbatim, 2013, p. 86.

Assim, podemos concluir que o Estado Democrático contemporâneo é resultante de um acordo de vontades de seus componentes que, por vontade majoritária, legitima um corpo dirigente político para, em seu nome, conduzir e zelar pela *res publica*. É claro que tal legitimidade não pode ser *sine die*, e por isso mesmo o Estado Democrático de Direito criou seus mecanismos de verificação periódica da legitimidade, através do sufrágio universal, em que os cidadãos com plenos direitos políticos conferem ou não a possibilidade do corpo dirigente do Estado permanecer ou não no comando. E como disse Norberto Bobbio: "*Falar de democracia, não basta que a classe política seja eleita; em outras palavras, que seu poder seja fundado em um consenso inicial originário. É necessário que este consenso seja periodicamente repetido. Não basta o consenso, mas é necessária uma verificação periódica do consenso*".[51]

## 6.4 O ESTADO COMO EXPRESSÃO DE UMA COMPOSIÇÃO DE FORÇAS

Analisando a dinâmica social no interior do Estado, Miguel Reale faz as seguintes considerações:

> Há em toda sociedade duas ordens de aspirações permanentes, que só à custa de muitos esforços e sacrifícios se conciliam em um estado que se poderia classificar de equilíbrio estável, por ser sempre uma conjugação de estabilidade e de movimento. Uma é a das aspirações no sentido das diferenciações progressivas, das mudanças e das inovações; a outra são as aspirações opostas no sentido do *status quo*, da conformidade para o que existe, da predileção pelo que está consagrado nos usos e costumes.

Miguel Reale completa:

> Pode-se dizer que cada um desses sentimentos ou desses 'complexos sentimentais' predomina em tipos humanos distintos, havendo revolucionários por ideologia, como há os conservadores por temperamento.[52]

[51] BOBBIO, Norberto. *Qual Democracia?* São Paulo: Loyola, 2009, p. 23.

[52] REALE, Miguel. *Teoria do Direito e do Estado*. São Paulo: Saraiva, 2000, p. 91.

Note que o "*equilíbrio estável*" não é a ausência de mudanças. Na verdade, trata-se de uma fina sintonia entre sociedade, diversidade de interesses e composição de forças (acordos). Esta sintonia se dá por intermédio de um processo interativo democrático em que as partes influenciam e são influenciadas, firmando um método que chamo aqui de "consenso progressivo" como meio para alcançar resoluções, conformadas a partir de uma conjunção e composição de ideias que, progressivamente, vão se transformando em vontades majoritárias. Não se trata, portanto, da tentativa de conter as mudanças no interior de uma sociedade, nem seria possível, pois elas são inerentes ao processo dialético, expressão de movimentos contraditórios que atuam independente de vontades padronizadas. Trata-se, isso sim, de organizá-la no tempo e no espaço.

Por um lado, se é verdade ser impossível conter as transformações em uma sociedade democrática, também é verdadeiro que o tamanho, a velocidade e as consequências das mudanças são passíveis de modulações. Estas modulações nada mais são do que estabelecer uma sintonia adequada para um equilíbrio social estável, um entendimento progressivamente construído na diversidade para fazer da diferença e da pluralidade um móvel construtivo, um fator impulsionador dos acordos necessários às relações coletivas harmoniosas. Determina a regra da dialética que, em um Estado de democracia, esta modulação é resultante de uma composição das correlações de forças que atuam no interior do Estado em questão, e esta adquire sua forma concretizada, por intermédio do aceite popular a um ordenamento jurídico, cujas bases principiológicas fundamentam e legitimam o poder político.

Estas movimentações sociais não acontecem por um acaso: são resultantes das desigualdades sociais existentes, das visões diferenciadas de mundo, das ideologias, dos interesses econômicos diversos, dos posicionamentos científicos ou filosóficos diferentes e das relações de forças que tornam as composições políticas mais dinâmicas mesmo diante de suas complexidades. As sociedades contemporâneas se apoiam para viabilizar os pactos sociais e os acordos no limite do possível, porém necessários para a paz e a harmonia social.

Aliás, são as diferenças e contradições presentes no seio de uma sociedade politicamente organizada que justificam a existência da ordem jurídica. É justamente por intermédio do Direito que se modulam as mudanças aceitáveis dentro da razoabilidade e na proporção admitida pela maioria da sociedade. Se o Estado é um instrumento resultante da necessidade dos humanos, construído para impedir a sua autodestruição, o homem em contradição com o próprio homem, como afirmou Thomas Hobbes na sua obra *Leviatã*, é verdade também que sem uma ordem jurídica que o organiza, disciplina relações intersubjetivas e padroniza comportamentos não haveria paz social. Conclui-se que Estado, Direito e poder são partes de um mesmo sistema interligado, inseparável, portanto, cuja legitimidade é dependente da capacidade de interlocução de governo-governado.

# Capítulo VII

# As normas jurídicas como instrumento do poder

> Dissemos que a teoria do ordenamento jurídico constitui uma integração da teoria da norma jurídica. Quanto a isso, devemos precisar, de imediato, que fomos levados necessariamente a essa integração pelos resultados a que chegamos na busca de uma definição do Direito, realizada no curso precedente. Para resumir brevemente esses resultados, digamos que foi possível dar uma definição do Direito do ponto de vista da norma jurídica, considerada isoladamente, mas tivemos de alargar nosso horizonte para a consideração do modo pelo qual uma determinada norma se torna eficaz a partir de uma complexa organização que determina a natureza e a entidade das sanções, as pessoas que devem exercê-las e sua execução. Essa organização complexa é produto de um ordenamento jurídico. Significa, portanto, que uma definição satisfatória do Direito só é possível se nos colocarmos do ponto vista do ordenamento jurídico.[53]

A ciência jurídica compoê um ramo das ciências sociais que estuda as normas de Direito que, uma vez introduzidas em um ordenamento jurídico por uma fonte legitimada, ganham força e autoridade para

[53] BOBBIO, Norberto. *Teoria do Ordenamento Jurídico*. São Paulo: Edipro, 2011, p. 38.

estabelecer comandos legais, quase sempre impositivos, que estruturam o Estado, estabelecem competências e organizam as relações dos indivíduos em uma sociedade.

Não se pretende aqui convencer o leitor de que, uma vez formuladas e aprovadas, as normas do Direito em si já são suficientes para a efetivação da justiça. Não é bem assim. Em se tratando deste ramo de ciência, a exatidão como consequência interpretativa não é singular, é plural. O que é possível concluir é que a ciência jurídica busca viabilizar um formato coerente e equitativo de convívio pactuado com o objetivo de organizar a vida em sociedade e, assim, alcançar a necessária harmonia social. Sabe-se de antemão que tal harmonia só se alcança quando o Estado consegue democratizar o acesso ao conhecimento, distribuir renda, promover o acesso à cultura e estabelecer mecanismos interativos entre governo e governados.

Conclui-se que não há ordenamento jurídico que se legitime em um longo espaço temporal dissociado das expectativas dos cidadãos. É por isso que a ordem jurídica, em qualquer forma de governo, serve a um objetivo político. Separar em termos valorativos uma ordem política da sua estrutura no que diz respeito ao formato de Estado, no modelo de legitimação do poder e das regras que regulam o comportamento dos indivíduos frente à coletividade é fazer um corte indevido entre poder e ordenamento jurídico. As normas jurídicas estão intimamente ligadas à legitimidade que se pretende dar ao desenho do poder em qualquer Estado Nacional. Neste aspecto, elas são meio, não são fim.

Tomando como verdadeira a afirmação de que as regras do Direito não são neutras, pois o poder constituído serve-se delas para legitimar-se, então o que se busca em um sistema normativo nos Estados Democráticos contemporâneos são mecanismos institucionais de controle legitimado. Quer dizer: o poder no Estado Democrático de Direito é mutante, pressupõe a possibilidade de alternância de perfis daqueles que comandam os negócios do Estado. Nesse caso, o verbo "legitimar", em uma democracia, tem o significado de fazer valer, *a priori*, a pluralidade, o contraditório, o respeito à diversidade e a um tipo de liberdade convencionada.

Não se trata de oferecer um modelo jurídico neutro, capaz de servir a qualquer tipo de poder. Trata-se sim de oferecer um modelo jurídico com um claro objetivo de constituir um Estado que agrega outros elementos, para além do tradicional conceito de Estado (povo, território e soberania) – agregando a estes um conceito de poder público que funcione para a busca do bem comum, na perspectiva de uma sociedade onde o centro de suas preocupações seja o respeito e o desenvolvimento integral do ser humano.

Parafraseando Norberto Bobbio, que no seu livro "*O Futuro da Democracia*" define o sistema democrático como sendo "*um pacto social em torno de regras primárias e fundamentais que legitimam um sistema de representação e o autoriza a tomar decisões em nome dos representados*"[54], é possível concluir que o ordenamento jurídico é o instrumento que perpassa o conceito formal de Estado Democrático de Direito, introduzindo a preocupação deste com políticas públicas.

Então, trata-se de analisar a Teoria do Direito em uma clara opção por uma forma de condução de Estado – a democracia. Assim, o sistema de normas jurídicas e, consequentemente, sua hermenêutica, ganham uma dimensão não absolutista, mas de interação constante com a correlação de forças presente em um determinado Estado. Mesmo adotando padrões técnicos próprios da ciência do Direito, ela continua sendo uma ciência mutante, adequando no tempo e no espaço a melhor maneira de prover, sem imposições autoritárias, um sistema de normas cuja eficácia é respaldada na legitimação da fonte que faz o sistema normativo habitar concretamente no cotidiano social. Esta fonte se expressa no poder político constituído que, no modelo de Estado Democrático Direito, as eleições gerais são o principal instrumento dos cidadãos credenciados que elegem aqueles que em seu nome tomarão as decisões fundamentais na condução dos assuntos relacionados à sociedade e ao Estado.

O que faz as normas jurídicas legítimas e eficazes no modelo de Estado Democrático de Direito é menos a competência técnica

---

[54] BOBBIO, Norberto. *O Futuro da Democracia*. 11ª ed., São Paulo: Paz e Terra, 2009, p. 30.

legislativa e mais a capacidade dos legisladores em estabelecer sintonia, a cada tempo, com os costumes, a cultura, a evolução histórica e as necessidades do seu povo. Imaginar experiências laboratoriais em si apartando o processo de elaboração das normas jurídicas da legitimação popular pode significar um viés autoritário. Neste caso, a efetividade normativa só se viabilizaria com a mão pesada do Estado, quando este esparrama o medo como forma de fazer valer a sua autoridade.

Socorro-me mais uma vez da elaboração de Bobbio para reforçar minha tese aqui defendida: "*Todas as Constituições democráticas se caracterizam pela afirmação dos direitos do homem e do cidadão qualificados de 'invioláveis'. A inviolabilidade reside precisamente no fato de que esses direitos não podem ser limitados, e muito menos suprimidos. Por meio de uma decisão coletiva, mesmo que esta seja majoritária*".

Conclui-se, portanto, que mesmo em um Estado Democrático de Direito, por serem invioláveis, há postulados éticos e de direitos fundamentais que expressam conquistas civilizatórias que, uma vez positivadas, não devem ser submetidos às regras de maiorias eventuais, a não ser que seja no sentido do seu aperfeiçoamento. Um processo mais dificultoso de mudanças de tais regras pode ser pactuado no próprio processo de construção de cada democracia. Um exemplo claro disso são as chamadas "cláusulas pétreas" da Constituição brasileira de 1988: ali foram pactuados prinicípios caros à estruturação do Estado, para assegurar e promover a dignidade humana. Estes são considerados imutáveis por maiorias eventuais e só poderão ser alterados quando uma nova Constituinte expressar um novo pacto político.

Hans Kelsen, um dos mais notáveis positivistas, escreveu: "*Quando o número daqueles que estão em desacordo com a ordem imperante é maior que o número daqueles que estão a favor, é possível uma mudança...*"[55] Vê-se que até mesmo o maior dos positivistas admite que normas carentes de respaldo social – aquelas que não atendem às funções a que se propõe a própria ciência do Direito – são normas sem eficácia, portanto passíveis de modificações. No Brasil, tais modificações podem ocorrer no processo

---

[55] KELSEN, Hans. *O Que é Justiça?* São Paulo: Martins Fontes, 2001.

formal legislativo comum ou, em se tratando de normas constitucionais, através do poder constituinte derivado e, no caso das cláusulas pétreas, por um novo pacto constitucional.

Reputa-se o Estado Democrático de Direito a melhor forma de governo que a humanidade encontrou até os dias atuais. Este modelo valoriza a pluralidade de opiniões, a diversidade de opções religiosas, ideológicas, sexuais, enfim o seu aperfeiçoamento é a melhor maneira de combater a vocação autoritária do Estado, bem como a tendência natural do Estado em ocultar-se. Por ser um modelo que propicia transformações constantes, a democracia necessita de um sistema de normas jurídicas que expressem um pacto de toda a sociedade. Neste caso, em se tratando da relação das partes com o todo – o Estado -, o ordenamento jurídico atua como uma espécie de traço de união entre as partes, na composição dos interesses individuais e dos grupos que se organizam para um determinado fim, na perspectiva da conformação de um tecido social resistente e capaz de sedimentar uma união de toda uma nação.

Para dar consistência ao tecido social de modo a impedir seu desfazimento, aqueles que conduzem o Estado procuram permanentemente sua legitimação. Esta legitimação se expressa no constante convencimento da sociedade da viabilidade, da eficiência e da eficácia de um programa que expresse – no curto, médio e longo prazo -, políticas públicas capazes de transformar as expectativas positivas individuais em realizações concretas que farão com que as partes – indivíduos, corporações e sociedades particulares em geral, etc. -, sintam-se integrando aquele que é a expressão do todo – o Estado.

Concluo este tópico citando José Afonso da Silva: "*O equilíbrio entre o poder e cidadania só se realiza efetivamente num Estado Democrático de Direito em que se amplie, por todas as formas possíveis, a participação do povo no poder. Onde essa participação é ampla, o Estado se integra na sociedade civil, de sorte que os conflitos poder/povo são resolvidos dialeticamente. Um tal regime há que incorporar, além do mais, as novas manifestações dos Direitos do homem, harmonizando-se com as declarações internacionais dos Direitos dos humanos, de que o Brasil é signatário*".[56]

---

[56] SILVA, José Afonso da. *Poder Constituinte e Poder Popular*. São Paulo: Malheiros, 2007.

# Capítulo VIII

# O JUSNATURALISMO E O JUSPOSITIVISMO

Como é notório, a Teoria Pura do Direito sempre combateu em duas trincheiras: de um lado, contra o *Direito Natural*; de outro, contra a *sociologia.* A polêmica contra o Direito Natural conduzida em nome da *objetividade* da ciência, a qual tem a tarefa de conhecer a realidade e não avaliá-la, ao passo que o Direito Natural é o campo de todas as ideologias que, de tempos em tempos, pretenderam avaliar o Direito positivo para afirmar a conformidade a certos ideais de justiça (doutrinas conservadoras) ou à deformidade (doutrinas revolucionárias). Agindo contra a objetividade da Teoria Pura do Direito (e sem objetividade na ciência), o Direito Natural exprime valores subjetivos ou até irracionais, os quais, por isso mesmo, são irracionais, os quais, por isso mesmo, são irredutíveis a análises científicas. A polêmica contra a sociologia, ao contrário, é levada mais longe em nome da distinção entre esfera do ser, à qual pertencem os fenômenos sociais, e a esfera do dever ser, á qual pertence ao Direito, o qual, como ou complexos de normas (ordenamento), é uma estrutura qualificadora da realidade social, e como tal deve ser estudado não como uma ciência como a sociologia, que procede ao estudo da realidade social como método causal próprio das ciências naturais, mas comumente ciência particular, *sui generis,* não explicativa de fatos (fisícos, psíquicos, sociais), mas de normas (qualificadora dos fatos)[57].

[57] BOBBIO, Norberto. *Direito e Poder.* São Paulo: Unesp, 2006, pp. 23-24.

A ciência do Direito tem se dividido em dois grandes campos teóricos: os juspositivistas e os jusnaturalistas. As diferenças se fundamentam, essencialmente, na contraposição do valor da norma e da validade da norma. Como afirma Norberto Bobbio em sua obra "O Positivismo Jurídico", a contraposição entre "*positivo*" e "*natural*" é feita relativamente à natureza, não do Direito, mas da linguagem. Bobbio[58] explica que, desde os tempos dos antigos, em disputa entre Sócrates e os sofistas, já se falava da distinção entre *aquilo que é por natureza (physis) e aquilo que é por convenção ou posto pelos homens (thésys)*. Completa Bobbio: "O *problema que se põe é pela linguagem, isto é, se algo é "natural" ou "convencional", põe-se analogamente também para o Direito*".

Na realidade, estamos diante de abordagens disciplinares diferenciadas. Falar de Direito positivo é falar do Direito Objetivo, é fazer um corte separatório entre a *ciência do Direito* e outras ciências. O Direito positivo é um diálogo com a objetividade desta ciência que tem como principal fundamento conhecer a realidade e não avaliá-la. Já o Direito Natural dialoga com subjetividade humana, por isso mesmo ele está suscetível a todas as ideologias. Consequentemente, está sujeito à valoração e, como se sabe, todo valor é visto sempre de um ângulo de visão que está sujeito às influências culturais, históricas, religiosas e até mesmo das circunstâncias político-econômicas de cada época.

As duas teorias, a rigor, não são excludentes. É perfeitamente possível normas de Direito positivo expressarem, na sua essência, uma regra de Direito Natural e, em muitos casos, é o que acontece. Porém, há uma diferença fundamental entre as duas correntes: para os jusnaturalistas, norma jurídica e valor caminham juntos. Isto quer dizer que para os jusnaturalistas "norma injusta", mesmo que positivada, é norma inválida. Já para os positivistas, a ciência do Direito é fundamentalmente o Direito positivo (leia-se: normas postas objetivamente no composto ordenamento estatal e somente o Estado possui legitimidade para organizar e aplicar o tal Direito).

---

[58] BOBBIO, Norberto. *O Positivismo Jurídico. Lições de Filosofia do Direito*. São Paulo: Ícone, 1999, p. 15.

Para os juspositivistas, o que importa são as normas positivas reconhecidas pelo Estado. Sua aplicabilidade independe de juízo de valor. Como afirmou Hans Kelsen, ciência do Direito "*(...) é uma ordem normativa da conduta humana, ou seja, um sistema de normas que regulam o comportamento humano. Com o termo "norma" quer-se significar que algo "deve" ser ou acontecer, especialmente que um homem se deve conduzir de determinada maneira*". Então, o que se conclui é que a grande diferença entre as duas teorias se dá em termos valorativos. Estes afirmam que Direito são as normas postas, aqueles sustentam que Direito são normas justas.

Tomando como base os estudos sobre o positivismo jurídico desenvolvidos por Norberto Bobbio[59], podemos estabelecer alguns critérios para diferenciar o Direito positivo do Direito Natural.

Um primeiro critério se baseia na antítese *universalidade/particularidade*. Esta dicotomia é estabelecia pelo fato das regras de Direito Natural não estarem sujeitas às circunstâncias de tempo ou espaço, muito menos de correlações de forças específicas. Elas valem em toda parte e em qualquer tempo. Já o Direito positivo vale em uma determinada parte, em circunstância específica adequada para uma determina época.

O segundo critério se baseia na antítese *imutabilidade/mutabilidade:* o Direito Natural é imutável no tempo, já o Direito positivo muda.

O terceiro critério é fundamental, uma vez que a antítese diz respeito à fonte do Direito: *natureza/poder do povo*. O primeiro tem sua fonte na natureza, já o segundo tem sua origem em um acordo de vontades dos integrantes de uma determinada sociedade.

O quarto critério é conhecido pela antítese *ratio/voluntas*. *Ratio* = nossa razão, que aqui pode-se traduzir em razão da lei. *Voluntas* = vontade alheia, que em termos jurídicos pode se traduzir em vontade da lei. Então conclui-se que Direito Natural é aquele que conhecemos através de nossa razão. Bobbio explica: "E*ste critério liga-se a uma concepção racionalista da ética e, de um modo mais geral, por uma concepção racionalista da filosofia*".

---

[59] BOBBIO, Norberto. *O Positivismo Jurídico. Lições de Filosofia do Direito*. São Paulo: Ícone, 1999, p. 22.

Já o Direito positivo chega ao nosso conhecimento por um pacto de vontades, é um criado humano. É promulgado.

Estes critérios dizem respeito ao objeto da díade das ciências Direito Natural e Direito positivo. Quanto aos direitos regulados pelo Direito Natural, eles são bons ou maus em si mesmo. Já os direitos regulados pelo Direito positivo são indiferentes quanto ao valor. A validade da norma é o que conta para sua efetividade.

Por fim, o Direito Natural estabelece aquilo que é bom, enquanto o Direito positivo é aquilo que é útil.

Hoje não se fala mais em ciência do Direito englobando as teorias do jusnaturalismo e do juspositivismo. Falar de ciência do Direito é falar das normas jurídicas positivadas. Bobbio[60] arremata:

> (...) o positivismo jurídico é uma concepção do Direito que nasce quando o "Direito positivo" e o "Direito Natural" não mais são considerados Direito no mesmo sentido, mas o Direito positivo passa a ser considerado como Direito em sentido próprio. Por obra do positivismo jurídico ocorre a redução de todo o Direito a Direito positivo, e Direito Natural é excluído da categoria de Direito: o Direito positivo é Direito, o Direito Natural não é Direito. A partir deste momento o acréscimo do adjetivo "Positivo" ao termo "Direito" torna se um pleonasmo mesmo porque, se quisermos usar uma fórmula sintética – o positivismo jurídico é aquela doutrina segundo a qual não existe outro Direito senão o Positivo.

Este modo de pensar o Direito próprio das sociedades contemporâneas é a resultante de várias fases evolutivas da humanidade. Nas sociedades medievais, por serem pluralistas, o Direito expressava uma vontade de cada um dos agrupamentos humanos que, segundo seus interesses, construíam do seu jeito seu melhor formato de organização. Por não existir uma sociedade politicamente organizada em sentido macro como nos tempos contemporâneos, neste período o Direito correspondia a um

[60] BOBBIO, Norberto. *O Positivismo Jurídico. Lições de Filosofia do Direito.* São Paulo: Ícone, 1999, p. 22.

fenômeno meramente circunstancial e de pequeno alcance social. Eram regras para disciplinar agrupamentos humanos fragmentados.

Com o advento dos Estados modernos ocorreu uma reviravolta na ciência do Direito. Neste contexto, ganha força um conceito bem definido de sociedade politicamente organizada: um povo, uma identidade cultural, um mesmo território geográfico, um mesmo governo, uma vocação soberana e um mesmo traçado histórico. Essas características, em regra, são aquelas que dão forma aos Estados Nacionais nos tempos contemporâneos. Porém, este novo formato de organização social e política, paradoxalmente, traz consigo uma contradição: a competição própria entre os indivíduos que compõem a sociedade política contra a necessária harmonia que se expressa na paz e na segurança de todos. É aí que consiste a importância do Estado. Neste contexto, ele passa ser o único a estabelecer o Direito, em muitas nações diretamente através de leis postas e em alguns casos atuando como Estado modelador de normas consuetudinárias que formam ordenamentos jurídicos consistentes. Assiste-se assim a um processo de monopolização da produção das normas do Direito por parte do Estado.

Atualmente, o Direito é considerado como sendo um conjunto de normas obrigatórias para uma determinada sociedade. Tais normas disciplinam condutas e estabelecem sanções. Quando desrespeitadas, permitem a intervenção de um terceiro (magistrado ou, eventualmente, árbitro) que, em nome do Estado, dirimirá as controvérsias dizendo a quem pertence o Direito e aplicando sanções à parte vencida, ou melhor, àquele que violou a norma.

As correntes jusnaturalistas, que partem da junção conceitual norma/valor como sendo faces da mesma moeda, inseparáveis em se tratando do Direito como instrumento de justiça com equidade, não têm muito a fazer, a não ser lutar para que suas proposituras se consolidem em formato de Direito escrito – normas positivas.

## 8.1 JUSNATURALISMO, O POSITIVISMO E O MUNDO DOS FATOS

Tomando como exemplo o que escreveu Rudolf Von Ihering, "*O Direito é uma ideia prática, isto é, implica um fim, e toda ideia de tendência ou direção é inevitavelmente dupla, porque contém em si uma síntese, o fim e o meio. Realmente, não basta indicar o fim, é indispensável saber também o caminho que ele conduz*"[61].

Esta é uma questão fundamental. A neutralidade no Direito é relativa: um fim, antes de tudo, é um desejo e este desejo pode ser de um, de poucos ou de muitos, mas independentemente do número de adesões, uma finalidade pode ser um desejo *a priori*. Buscar a concretização desta vontade pode significar uma árdua luta, em caso de complexidade do fim desejado, ou menos trabalhoso, em se tratando de objetivos menos complexos. O fato é que a concretização de um fim requer uma ação concreta, em outras palavras, requer eficientes meios para sua realização. Esta combinação é fundamental, pois não basta um fim justo, já que os meios para alcançá-lo deverão ser adequados e proporcionais.

O mundo vive uma era em que a positivação do Direito virou sinônimo de segurança jurídica e esta acabou encarnada no Direito positivo. O positivismo jurídico nasceu com o objetivo de dar ao Direito o *status* de ciência e, como tal, esta deve ser objetiva e buscar, na sua essência, separar normas jurídicas das questões valorativas, das razões morais e ideológicas. Já o Direito Natural (jusnaturalismo) é o campo de todas as ideologias, das razões morais valorativas, da subjetividade; está mais próximo da filosofia e mais distante da ciência. Norberto Bobbio, em sua obra "Direito e Poder", crava com precisão as diferenças que existem entre estas teorias:

> É evidente que, se, por um lado, a Teoria Pura do Direito não pode ser confundida com a concepção jusnaturalista porque não subordina a validade ao valor, tampouco pode, por outro, ser confundida com a concepção legalista a qual não faz nenhuma distinção entre validade e valor. Isso quer dizer, em outras palavras, que a atitude cientifica do teórico puro do Direito podem derivar na prática ambas as atitudes ético-políticas propugnadas pela concepção jusnaturalista e pela legalista, isto é, tanto a avaliação

---

[61] IHERING, Rudolf Von. *Questões e Estudos de Direito*. São Paulo: LZN, 2003, p. 9.

> da lei segundo justiça, de onde pode derivar uma atitude de resistências ou de obediência passiva, quanto à redução da justiça à lei, da qual não pode derivar outra atitude senão da obediência ativa.[62]

O autor italiano se refere a três teorias presentes no mundo do Direito. São elas:

*Teoria Legalista*: parte do princípio de que toda lei posta é uma lei justa e, portanto, trata-se de fazer a confusão entre o Direito e Teoria de Justiça.

*Teoria JusNaturalista:* é uma teoria inspirada em princípios tidos como superiores, preceitos imutáveis denominados de Direito Natural. São preceitos que estão acima das ordens emanadas pelo Estado que formam o Direito positivo, próprias da natureza ou de Deus, no caso dos religiosos. Também estabelece uma conexão direta entre Direito e a Teoria de Justiça, pois para os jusnaturalistas normas válidas são normas justas.

*Teoria Pura do Direito:* trata-se de uma importante obra de Hans Kelsen, filósofo e jurista austríaco, naturalizado americano, que buscou formular uma teoria científica do Direito, fazendo um corte entre normas positivas, validadas por um sistema hierarquizado de normas oriundas de uma fonte legítima que é o Estado. Esta teoria separa as questões valorativas da validade de uma norma jurídica.

Não se trata, portanto, de confundir a ciência do Direito com as razões subjetivas que projetam em cada indivíduo um valor dado a uma determinada norma válida. Objetivamente, o Direito positivo é uma composição integrada de normas válidas, não pode e não deve ser confundido com o jusnaturalismo e, muito menos, com a Teoria Legalista – que é também uma teoria de justiça. E, como bem define Bobbio, "*em face das teorias de justiça, o positivismo jurídico kelseniano é indiferente, e exatamente nessa indiferença faz consistir o dever do jurista, como cientista*".

---

[62] BOBBIO, Norberto. *Direito e Poder*. São Paulo: Unesp, 2006, p. 31.

Vivemos uma época em que a codificação das normas jurídicas virou sinônimo de conquistas sociais. Na disputa pela ampliação dos direitos, sejam eles individuais ou coletivos, os indivíduos ou a coletividade se sentem mais seguros quando veem seus desejos programáticos codificados pelo Estado. Trata-se da constatação e do reconhecimento do papel do Estado frente à sociedade.

É esse sentimento público que tem motivado Constituições densas, como no caso da Constituição brasileira, com fartas regras processuais, um combinado de normas de aplicação limitada, contida e imediata que fazem deste tipo de Constituição uma mescla de direitos fundamentais, regras estruturantes do Estado e de normas programáticas. Esta realidade constitucional deixa uma margem discricionária, estimulando o chamado ativismo do Poder Judiciário, estabelecendo uma relação valorativa descabida entre normas e circunstâncias fáticas, que em nada contribui com o esforço que os operadores do Direito desenvolvem, desde quando o Direito se consolidou como uma ciência na perspectiva de confortar as relações humanas e suas derivativas com o tão badalado e necessário princípio da segurança jurídica.

É necessário reconhecer que em qualquer ato humano está embutida a relação moral valorativa. Por isso mesmo é que, em uma projeção de dependência do homem à sua subjetividade na hora do agir; do reconhecimento da subordinação do homem ao seu lado emocional em contraponto ao lado racional e da sua incapacidade de se libertar por completo do apego egocêntrico é que a isenção científica vem se impondo como uma necessidade premente no mundo do Direito.

Hans Kelsen escreveu:

> Ao definir o Direito como norma, na medida em que constitui o objeto de uma específica ciência jurídica, delimitamo-lo em face da natureza e, ao mesmo tempo, delimitamos a ciência jurídica em face da ciência natural. Ao lado das normas jurídicas, há outras normas que regulam a conduta dos homens entre si, isto é, normas sociais, e a ciência jurídica não é, portanto, a única disciplina dirigida ao conhecimento e à descrição de normas

> sociais. Essas outras normas sociais podem ser abrangidas sob a designação de Moral e a disciplina dirigida ao seu conhecimento e descrição pode ser designada como Ética. Na medida em que a justiça é uma exigência da moral, na relação entre a Moral e o Direito esta contida a relação entre a moral e o Direito.[63]

Não se trata, portanto, de separação estanque entre a Moral e o Direito. Trata-se de, a partir da constatação da relação existente entre ambas, buscar o distanciamento necessário entre a validade do Direito para fazer desta ciência um instrumento que se propõe isonômico na organização de uma sociedade.

Este debate não é novo. A diferenciação entre o positivismo jurídico e jusnaturalismo, que estabelece uma clara distinção entre o valor subjetivo de uma norma e sua validade no campo da positivação, não é uma questão só dos tempos modernos – vem dos tempos antigos.

Positivismo e jusnaturalismo são duas correntes que foram se constituindo no transcurso da história, ora em sentido complementar, ora em contraposição, alimentando uma necessária polêmica para o progressivo avanço da ciência do Direito. Esta diferenciação já foi registrada por Aristóteles no capítulo VII do livro V da sua clássica obra "Ética a Nicômaco", na seguinte formulação: "*A justiça política é em parte natural, em parte convencional. Uma regra de justiça natural é aquela que apresenta idêntica validade em todos os lugares e não depende da nossa aceitação ou inaceitação. Uma regra convencional é aquela que, em primeira instância, pode ser estabelecida de uma forma ou de outra indiferentemente, ainda que, uma vez estabelecida, deixa de ser indiferente*".[64]

Nos tempos contemporâneos, talvez o pensamento aristotélico fosse assim traduzido: uma norma de Direito Tributário, "imposto sobre rendas", por exemplo, uma vez instituído por uma fonte legitimada – o

---

[63] KELSEN, Hans. *Teoria Pura do Direito*. São Paulo: Martins Fontes, 1998, p. 67.

[64] ARISTÓTELES. *Ética a Nicômaco*. São Paulo: Edipro, 2007.

Estado – seus efeitos só se efetivariam depois de cumpridas todas as formalidades legislativas e adentrando o ordenamento jurídico, tendo sua efetividade apenas no Estado de origem. Já no caso das normas jusnaturalistas, estarão postas pela razão humana em virtude do seu sentido de justiça geral.

Normas naturais independem de Estado ou de fonte legitimada – são normas pretensamente válidas pelo simples fato de serem justas, corretas, equânimes e porque promovem o bem comum. Por exemplo: a justiça entendida como equidade e igualdade de oportunidade é um Direito Natural que independe de circunstâncias, tempo ou espaço; é um direito de todos os humanos. Essa questão suscitada já na Antiguidade permeia o debate jurídico até os dias atuais. O que desejam os jusnaturalistas é, fundamentalmente, debater a finalidade da norma e seu valor. Norma válida é norma justa, aquela que conduz ao bem comum. Já os juspositivistas procuram delimitar a ciência do Direito no campo da ciência como qualquer outra. Norberto Bobbio aborda esta questão de uma forma precisa quando afirma que:

> O positivismo jurídico nasce do esforço de transformar o estudo do Direito numa verdadeira e adequada ciência que tivesse as mesmas características das ciências físico-matemáticas, naturais e sociais. Ora, a característica fundamental da ciência consiste na sua avalloratividade, isto é, na distinção entre juízos de fato e juízos de valor na rigorosa exclusão destes últimos do campo cientifico: a ciência consiste somente em juízos de fato. O motivo dessa distinção e dessa exclusão reside na natureza diversa desses dois tipos de juízo: o juízo de fato representa uma tomada de conhecimento da realidade, visto que a formulação de tal juízo tem apenas a finalidade de informar, de comunicar a um outro minha constatação; o juízo de valor representa, ao contrário, uma tomada de posição frente a realidade, visto que sua formulação possui a finalidade não de informar, mas de influir sobre o outro, isto é, de fazer com que o outro realize uma escolha igual à minha e, eventualmente siga certas prescrições minhas.[65]

[65] BOBBIO, Norberto. *O Positivismo Jurídico. Lições de Filosofia do Direito.* São Paulo: Ícone, 1999, p. 135.

Relativizar o campo da subjetividade tem sido um esforço evolutivo constante da ciência jurídica. Não poderia ser diferente, pois se trata de uma ciência que, além de organizar a convivência em sociedade, definir parâmetros de relacionamento entre os indivíduos, pune com limitações de liberdade ou priva de acesso aos bens aqueles que desafiam as normas pactuadas, bem como efetiva direitos e deveres que vão além das vontades individuais. As normas jurídicas são o meio estruturante dos Estados contemporâneos em todas as suas dimensões.

Dar ao Direito uma dimensão de ciência no conceito, alhures estabelecido por Norberto Bobbio, foi a forma encontrada para, de modo uniforme, generalista, levando em consideração todas as complexidades dos Estados contemporâneos, fazer da segurança jurídica uma estabilidade padronizada e previsível. A dimensão científica dada à norma jurídica, para além de uma constatação realística, aperfeiçoa o princípio da isonomia em uma perspectiva uniforme de aplicação nas normas do Direito para cada situação fática. É a ciência vista como juízo de fato, onde as conexões valorativas não se sobrepõem aos limites – entendidas aqui como expressão de regras pactuadas em sintonia com os desejos majoritários de uma sociedade – onde nelas já estão embutidos valores culturais históricos, éticos e morais. Esta é a expressão do Direito positivo moderno.

O valor dado à norma pura do Direito pode-se dar tanto na fase elaborativa desta, na capacidade dos legisladores legitimados de adequar a regra positivada relacionando-a aos costumes, à cultura e à expectativa de um povo, em uma determinada época, à realidade objetiva, quanto na interpretação para viabilizar sua aplicabilidade – no momento de se adequar a norma ao fato jurídico concreto. É óbvio que quanto maior o grau de generalidade de uma norma, menor sua capacidade de ajuste imediato a uma situação fática. E quanto menor sua generalidade, maior sua aplicabilidade imediata e mais limitadas se tornam as hipóteses subjetivas dadas à hermenêutica.

No processo de evolução da ciência do Direito constata-se uma clara valorização dos princípios como mandamentos de otimização da norma jurídica. Em todos os ordenamentos jurídicos existem dois fortes elementos que estabelecem uma conexão entre a objetividade necessária do Direito. O primeiro é o constitucionalismo como elemento estruturante dos Estados com rigidez constitucional e hierarquias no sistema de normas. O segundo são os princípios que fundamentam todo o modelo jurídico e sua inserção do mundo dos fatos.

# Capítulo IX

# O CONSTITUCIONALISMO

> Com a ascensão das monarquias absolutas, a lei escrita, expressão da vontade do soberano, foi tomando o lugar do costume, expressão da tradição popular. A lei escrita tornou-se uma forma de comunicação geralmente adquirida por ser mais adequada aos novos tempos. Consequentemente, o declínio das monarquias absolutas não a recusar a lei escrita promulgada pelo soberano, mas a contrapor a ela outra lei escrita de grau superior: a Constituição. De fato, a afirmação das teorias democráticas nos séculos XVIII levava a considerar depositário do poder supremo não mais o soberano diretamente investido por Deus, mas o povo: assim, os direitos deste último restringiram também os do soberano. No decorrer da evolução histórica, a Constituição apresentou-se, portanto, como uma lei escrita promulgada de forma particularmente solene para determinar os direitos dos cidadãos e a organização do Estado. (Mario G. Losano) [66]

Verifica-se uma progressiva evolução da ciência do Direito sempre na perspectiva de propiciar aos cidadãos uma maior segurança jurídica. Claro, a ciência do Direito acompanha sempre a evolução histórica da

[66] LOSANO. Mario Giuseppe. *Os Grandes Sistemas Jurídicos*. São Paulo: Martins Fontes, 2007, p. 74.

Política e da Economia, sua associação com o poder constituído é direta, aliás, como bem afirma Mario G. Losano[67]: "*Todos os sistemas de normas jurídicas regulam, direta ou indiretamente, modos não violentos de transferência da propriedade, mediante a organização de um poder supra-individual capaz de impedir ou corrigir as transferências violentas da propriedade. Desse modo os conflitos sociais não são eliminados, mas apenas mantidos sob controle, impedindo que coloquem em risco as transações e, com isso, a própria sociedade*".

Ratifico a afirmação do ilustre professor italiano: não há nada mais definidor do Direito do que as relações econômicas em uma sociedade. Em qualquer sistema ou forma de governo, quem controla o poder econômico, por decorrência, acaba controlando o poder político. Esta tem sido uma máxima marxista que a história não conseguiu, até os dias atuais, desmentir.

A história do constitucionalismo não foge à regra. Aliás, as Constituições no formato de lei maior, expressão de um pacto político, nasceram juntamente com os Estados nacionais para expressar um desejo de uma classe em ascensão – a burguesia – que não queria um Estado onde o monarca sintetizasse o seu todo. O alvorecer dessa nova realidade econômica forçou novas elaborações teóricas sobre o papel do Estado: entra em cena o Iluminismo. O constitucionalista e atual ministro do Supremo Tribunal Federal do Brasil, Luis Roberto Barroso, fez um excelente resumo dessa alvorada inovadora:

> O Estado moderno surge no início do século XVI, ao final da Idade Média, sobre as ruínas do Feudalismo. Nasce absolutista, por circunstância e necessidade, com seus monarcas ungidos por direito divino. O poder secular liberta-se progressivamente do poder religioso, mas sem lhe desprezar o poder de legitimação. *Soberania* é o conceito da hora, concebida como *absoluta* e *indivisível,* atributo essencial do poder político estatal. Dela deriva a ideia de supremacia interna e independência externa, essenciais à afirmação do Estado nacional sobre os senhores feudais, no

---

[67] LOSANO. Mario Giuseppe. *Os Grandes Sistemas Jurídicos*. São Paulo: Martins Fontes, 2007, pp. 3-4.

> plano doméstico, e sobre a Igreja e o Império (romano/germânico) no plano internacional.[68]

A palavra "Constituição", como qualquer outra, está suscetível de adquirir conotações polissêmicas para melhor atender às objetivas necessidades de cada época e justificar-se cultural e historicamente em cada sociedade política organizada. Sua origem nos remete ao verbo "constituir", que está associado à composição de algo, parte essencial de uma estrutura. Enfim, qualquer coisa material ou imaterial, para constituir-se é necessário que nela estejam contidos os elementos fundamentais que lhe dão forma e concretude.

A sua dimensão técnico-jurídica também tem origem no sentido comum desta palavra e nada mais é do que os elementos constitutivos que formam um Estado. Um Estado é formado por diversidade de partes: território, povo, Exército, Poder Executivo, Poder Legislativo, Poder Judiciário, órgãos estruturantes da Administração Pública e, o que lhe dá o formato uno, organizado e dirigível que é o seu ordenamento jurídico.

Quando fazemos referência a uma Constituição em sentido jurídico, falamos de uma lei maior de um determinado Estado, cujo objetivo é juntar todos os elementos com tendência à dispersão – seu povo e sua cultura; seu potencial econômico disperso por sua natureza competitiva; a necessária soberania; a conformidade social de comportamentos morais aceitáveis; a estruturação dos poderes e suas competências. O objetivo dessa lei maior é fazer com que essa diversidade existente no seio de uma sociedade se conforme e se transforme em um todo unitário – o Estado. Esse todo só se concretiza quando a sociedade pactua seus interesses em torno de uma regra geral soberana à qual dá-se o nome de Constituição.

O constitucionalismo busca sua fundamentação em vários paradigmas. Como bem afirmou Canotilho[69]: "*Em termos rigorosos, não*

---

[68] BARROSO, Luís Roberto. *Curso de Direito Constitucional Contemporâneo*. São Paulo: Saraiva, 2013, p. 31.

[69] CANOTILHO, José Joaquim Gomes. *Direito Constitucional e Teoria da Constituição*. Coimbra: Almedina, 7ª ed., 2003, p. 51.

*há um constitucionalismo, mas vários constitucionalismos*". Várias são as matrizes do constitucionalismo.

## 9.1 OS PRIMEIROS PASSOS DO CONSTITUCIONALISMO NA ANTIGUIDADE

A história registra que em 594 a.C, com as reformas de Sólon, foram lançados os pilares fundamentais para o período democrático na cidade de Atenas na Grécia Antiga. Aquelas reformas foram aprofundadas pelo governo de Clístenes. Ali funcionou a primeira experiência de um *governo centrado nas leis e não nos homens*. Alguns constitucionalistas, como o caso do ministro Luís Roberto Barroso, entendem ser esta experiência o berço do constitucionalismo democrático: "*Ali se conceberam e praticaram ideias e institutos que ainda hoje se conservam atuais, como a divisão das funções estatais por órgãos diversos, a separação entre o poder secular e a religião, a existência de sistema judicial e, sobretudo, a supremacia da lei, criada por um processo formal adequado e válido para todos*[70]".

O período de Solon na Grécia Antiga foi marcado por profundas inovações nas relações de poder. As assembleias eram o centro das decisões políticas (democracia direta). Nelas, reuniam-se os cidadãos credenciados para deliberar sobre a vida da cidade. Criou-se um órgão intermediário entre os cidadãos e a assembleia – o *Conselho dos Quinhentos*. Esse Conselho, criado para fazer a gestão cotidiana da cidade, pode ser considerado o embrião do sistema de representação concebido na democracia contemporânea. Por fim, funcionava um Tribunal de Justiça, uma espécie de "Tribunal do Júri", onde se julgavam os comportamentos ilícitos.

As experiências constitucionalistas seguiram com os romanos: *o ideal constitucionalista foi compartilhado por Roma, onde a República se implantou em 529 a.C., ao fim da monarquia etrusca, com a Lei das Doze Tábuas.*[71] Um dos trechos recuperados dessa lei dizia: "*Salus Populi Suprema Lex Esto*" =

---

[70] BARROSO, Luís Roberto. *Curso de Direito Constitucional Contemporâneo*. São Paulo: Saraiva, 2013, p. 28.

[71] BARROSO, Luís Roberto. *Curso de Direito Constitucional Contemporâneo*. São Paulo: Saraiva, 2013, p. 29.

"*O Bem Estar do Povo é o Bem Supremo*". Veja que o marco legal era o fundamento da ordem social. A experiência romana também fazia uma divisão de competência para vários órgãos: as assembleias tinham a função de elaborar as leis; os cônsules tinham responsabilidades executivas; os pretores tinham funções tributárias e o Senado que funcionava como um órgão consultivo. Mesmo tal experiência não se assemelhando à democracia ateniense, seu legado jurídico se faz presente em todos os períodos históricos, com forte influência nos modernos ordenamentos jurídicos. Todo o acúmulo constitucionalista alcançado na cidade de Atenas, retomado pelos romanos, foi sufocado com a institucionalização da religião cristã pelo imperador Constantino, prolongando-se por mais de mil anos.

## 9.2 A RETOMADA DAS IDEIAS CONSTITUCIONALISTAS

Como vimos antes, o constitucionalismo é resultante de um processo evolutivo social e político. A ideia de um pacto social em torno de diretrizes com força coercitiva ganha força na segunda metade da Idade Média. Neste período, fundamentalmente na Europa Ocidental, algumas classes sociais emergentes já não suportavam mais a opressão absolutista e nem os privilégios de uma casta formada pela junção do clero e dos senhores de terras. Estes faziam de suas ambições materiais sem limites o fator determinante para o controle do poder político. Dalmo de Abreu Dallari explica as origens do absolutismo:

> Em suas linhas fundamentais, o absolutismo tem origem em seus vários fatores, entre os quais a ambição de poder e riquezas, como também a necessidade de autodefesa de um senhor de terras ou de um grupo social, bem como a intenção ou o pretexto de dar proteção às populações pobres e indefesas, vítimas das lutas pelo domínio de terras e pelo poder político, envolvendo lideranças leigas e religiosas, que marcaram a história dos povos europeus durante vários séculos. Com a consolidação do poder dos senhores feudais, cada um afirmando-se soberano nos seus domínios, o absolutismo já aparece bem definido no século XIII e vai durar até o século XVIII.[72]

[72] DALLARI, Dalmo de Abreu. *A Constituição na Vida dos Povos*. São Paulo: Saraiva, 2010, p. 46.

O poder político no período medieval nasce da necessidade de proteção dos interesses dos senhores de terras. Os senhores feudais buscavam legitimar seus poderes no controle ideológico, por intermédio da aliança com a Igreja, ou então, através da força, utilizando para este fim enormes contingentes de homens armados, cujo objetivo era proteger suas terras, valor econômico fundamental deste período. A aliança com a Igreja visava o seu gigantesco poder de influenciar a subjetividade humana, e com ele a nobreza viabilizava sua legitimação, impondo aos seus servos a condição de vassalagem sem muitos questionamentos de ordem moral. Tempos de profunda confusão entre Estado e religião e de avassaladora ampliação do catolicismo por todo o continente europeu.

Com a decadência do regime feudal na chamada Baixa Idade Média e com a ascensão da burguesia, novas necessidades foram postas para os ajustes adequados às perspectivas que se colocavam às novas camadas sociais emergentes – a burguesia ascendente e os profissionais liberais. O catolicismo, elemento fundamental de controle ideológico no baixo período medieval, já não é mais uma unanimidade, e se torna um relativo paradigma de comportamentos para importantes segmentos da sociedade.

Para além dos novos valores morais incutidos no pensamento das novas camadas sociais emergentes, lideradas pela burguesia ou patrícios – como preferem alguns escritores – profundas transformações econômicas se projetam no horizonte das sociedades europeias, com repercussão importante no jovem Estado da América. Uma, entre outras expressões destas mudanças, foi o surgimento do constitucionalismo. O professor Dalmo Dallari assim define o nascimento deste movimento:

> O constitucionalismo nasceu durante as disputas medievais pelo predomínio sobre as terras e populações, com a afirmação de lideranças e costumes próprios de cada região. Assim nasceu a Constituição costumeira, que aos poucos foi sendo reconhecida como fato e como direito, passando a ser invocada como base e fundamento da organização social, dos direitos individuais e do poder político. A consciência da existência de uma Constituição, como expressão da individualidade a da história de um povo,

> surgiu e se desenvolveu no quadro das lutas contra o absolutismo, tendo papel de extrema relevância na busca de redução ou eliminação de fatores de dominação e na luta pela abolição de privilégios. Muitos séculos depois, passando por várias etapas, se fará a ligação entre Constituição e Estado, mas bem antes disso já se tinha tomado consciência da necessidade da Constituição para existência de um povo livre, na qual a organização social e a convivência sejam baseadas na justiça.[73]

A Constituição, portanto, nasce como um fator limitador de poder político. "*Constitucionalismo é a teoria (ou ideologia) que ergue o princípio do governo limitado indispensável à garantia dos direitos em dimensão estruturante da organização político-social de uma comunidade*[74]". Esta afirmação de Canotilho vem corroborar os ideais originários do constitucionalismo que se projetou no tempo até os dias atuais.

A história registrou acontecimentos que marcaram profundamente a progressiva marcha da humanidade na sua incansável busca por liberdade que, combinado com o seu desejo de igualdade, pode propiciar céleres avanços na sua qualidade de vida. Neste processo, o grande desafio de homens e mulheres era sedimentar as suas conquistas políticas coletivas e, ao mesmo tempo, impedir que ideologias autoritárias ou interesses meramente patrimoniais pudessem ameaçá-las.

Sem dúvidas, a ideia de uma lei maior, uma espécie de "leis das leis" – uma Constituição como expressão de um pacto hegemônico de toda uma coletividade – foi um avanço incomensurável nesta progressiva marcha. Entre estes importantes acontecimentos destacam-se: a formação e evolução do Direito consuetudinário inglês; a Revolução Francesa e suas consequências no movimento constitucionalista; a Revolução Americana e seu desfecho constitucional em 1787 e a Revolução Socialista de 1917 na Rússia e o princípio da legalidade socialista.

Vamos a eles.

---

[73] DALLARI, Dalmo de Abreu. *A Constituição na Vida dos Povos*. São Paulo: Saraiva, 2010, p. 45.

[74] CANOTILHO, José Joaquim Gomes. *Direito Constitucional e Teoria da Constituição*. Coimbra: Almedina, 7ª ed., 2003, p. 51.

## 9.3 O CONSTITUCIONALISMO INGLÊS

A ciência do Direito está sempre associada à trajetória histórica de um povo. Não é diferente em se tratando da Inglaterra e do País de Gales. Faço um corte a estes dois povos porque, em se tratando do Direito no Reino Unido, nem a Irlanda do Norte e nem a Escócia, mais as Ilhas do Canal da Mancha estão submetidas ao Direito "inglês".[75] A história e a cultura do povo inglês explicam muito sua formação e o desenvolvimento da ciência do Direito nessa nação. Seu desenvolvimento, na verdade, deu-se de forma autônoma, sofrendo pouquíssima influência do processo de evolução do Direito que vinha do continente europeu.

No fundamental, o Direito inglês foi ganhando contornos próprios no transcorrer do seu processo histórico. Essa especificidade está diretamente associada à capacidade de superação das adversidades históricas do povo inglês. Nenhuma das ocupações ocorridas em seu território foi capaz de destruir a cultura daquela gente. Aliás, a história do território é marcada por conflitos e ocupações:

– O território da atual Inglaterra foi habitado, no século V a.C, pelo povo Celta; pode-se dizer que esta é a origem étnica e cultural dos Ingleses.

– Já nos idos de 43 ocorreu a ocupação romana que durou até o ano de 410, período em que a província inglesa foi administrada pelo Império Romano.

– No século V ocorreu a invasão do Império Romano pelos bárbaros. A chamada ocupação anglo-saxônica, que também introduziu a crença cristã em todo o território inglês.

– No século X a região foi fortemente atacada pelos Vikings, porém resistiu e se fortaleceu.

---

[75] DAVID, René. *Os Grandes Sistemas do Direito Contemporâneo*. São Paulo: Martins Fontes, 2002, p. 353.

– No ano de 1066, Guilherme, o Conquistador, venceu o rei saxão Haroldo na Batalha de Hastings e foi coroado rei. Tem início o processo de unificação e formação da Inglaterra.

– O final do século XII foi marcado por grande instabilidade política. O rei Ricardo Coração de Leão foi participar da Terceira Cruzada e, capturado, tornou-se prisioneiro do duque da Áustria. Neste período a nobreza inglesa ganhou grande poder no reino.

– Em 1256 foi formado o primeiro Parlamento com a participação de cidadãos comuns.

– Entre os anos de 1337 e 1453 a Inglaterra enfrentou a França na Guerra dos Cem Anos e saiu derrotada.

– Entre 1455 e 1487 ocorreu a Guerra das Duas Rosas. Foi uma guerra civil entre duas importantes famílias nobres inglesas (Lancaster e York) que disputavam o trono.

– Na Baixa Idade Média, principalmente no século XV, ocorreu o processo de fortalecimento da monarquia inglesa.

O constitucionalismo inglês traz consigo uma matriz de Direito consuetudinário (costumeiro). Já no século X a Inglaterra expressava a união de vários reinos anglo-saxônicos.

Para o constitucionalismo, um evento marcou este período: a imposição em 1215, por parte dos barões da terra, da M*agna Charta,* um marco legal que impunha ao rei João Sem Terra limites na condução dos negócios do Estado, impedindo assim seus poderes absolutos. O fundamental deste movimento, que resultou na Magna Carta, foi fazer o rei reconhecer que sua vontade, a partir de então, estaria sujeita à *lei*. Dentre os direitos mencionados na referida Carta podemos destacar dois artigos com repercussão para além do seu tempo:

*Artigo 39* – "*Nenhum homem livre será preso, aprisionado ou privado de uma propriedade, ou tornado fora da lei, ou exilado, ou de maneira alguma destruído, nem agiremos contra ele ou mandaremos alguém contra ele, a não ser por julgamento legal dos seus pares, ou pela lei da terra*".

*Artigo 40 – "A ninguém venderemos, a ninguém recusaremos ou atrasaremos, direito ou justiça"*.

Nasce aí a proteção legal à propriedade e o princípio do devido processo legal – "A não ser por julgamento legal dos seus pares" -, bem como o reforço do Direito como sendo um instrumento de construção da justiça.

Além da Magna Carta, que protegia apenas os homens livres, os ingleses "elaboram outras cartas e estatutos assecuratórios de direitos fundamentais, tais como a *Petition of Rights* (1628), que requeria o reconhecimento de direitos e liberdades para os súditos do Rei, o *Habeas Corpus Amendment Act* (1679), que anulava as prisões arbitrárias, e o *Bill of Rights* (1689), a mais importante destas, pois submetia a monarquia à soberania popular, transformando-a em uma monarquia constitucional, e, sem esquecer o *Act of Settlement* (1701) que completa o conjunto de limitações ao poder monárquico do período".

Ao se referir à história dos ingleses, Luís Roberto Barroso assim se posiciona: "*Fruto de um longo amadurecimento histórico, o modelo institucional inglês estabeleceu-se sobre raízes tão profundas que pôde prescindir até mesmo de uma Constituição escrita, sem embargos da existência de documentos relevantes de natureza constitucional*".[76] Um belo desfecho histórico para um povo que traçou o seu próprio caminho em matéria de ciência do Direito.

Hoje, ao contrário de outros Estados, os britânicos seguem um modelo de Constituição flexível. Lá, o que diferencia uma norma constitucional de outras infraconstitucionais não é o princípio da hierarquia das normas, e sim o conteúdo delas. Portanto, o que difere uma norma Constitucional de outra norma jurídica não é a forma, mas sim o conteúdo da matéria – matérias constitucionais são aquelas que versam sobre a organização política ou direitos fundamentais. Na Inglaterra a supremacia pertence ao parlamento e não à Constituição. Não há processo

---

[76] BARROSO, Luís Roberto. *Curso de Direito Constitucional Contemporâneo*. São Paulo: Saraiva, 2013, p. 33.

dificultoso para alteração de normas constitucionais, não há hierarquia das normas jurídicas impostas pela forma no momento de sua elaboração e, consequentemente, não existe supremacia constitucional e muito menos controle de constitucionalidade.

## 9.4 O CONSTITUCIONALISMO NOS ESTADOS UNIDOS DA AMÉRICA

Colonizados pelos ingleses no século XVII, os atuais Estados Unidos da América eram compostos por várias colônias, todas leais à coroa britânica. O Reino Unido, com sua experiência de poder contido e institucionalizado, desenvolvia uma relação com as suas colônias americanas de controle do poder, naquilo que era do seu interesse, e para este fim indicava os seus governadores, por outro lado, dava às colônias maior autonomia, possibilitando que os cidadãos dessas colônias pudessem eleger seu corpo legislativo, além de instituir um Judiciário independente.

Eram treze colônias:

*Província de New Hampishire, mais tarde o Estado de New Hampshire;*

*Província da Baía de Massachusetts, mais tarde os Estados de Massachusetts e Maine;*

*Colônia de Rhode Island, mais tarde o Estado de Rhode Island;*

*Colônia de Connecticut, mais tarde o Estado de Connecticut;*

*Província de Nova Iorque, mais tarde os Estados de Nova Iorque e Vermont;*

*Província de Nova Jérsei, mais tarde o Estado de Nova Jérsei;*

*Província de Pensilvânia, mais tarde o Estado da Pensilvânia;*

*Colônias de Delaware, mais tarde o Estado de Delaware;*

*Província de Maryland, mais tarde o Estado de Maryland;*

*Colônia de Domínio da Virgínia, mais tarde os Estados da Virgínia, Kentucky e Virgínia Ocidental;*

*Província da Carolina do Norte, mais tarde os Estados da Carolina do Norte e Tennessee;*

*Província da Carolina do Sul, mais tarde o Estado da Carolina do Sul; Província da Geórgia, mais tarde o Estado da Geórgia.*

Os ingleses se utilizavam do seu poder para fazer das colônias um instrumento de lucros, satisfazer suas necessidades por recursos minerais e vegetais não disponíveis na Europa. Mas, o que de fato provocava a ira dos cidadãos das colônias eram os escorchantes impostos e taxas cobrados dos colonos norte-americanos. A tensão entre colônias e metrópole aumentou depois que a Inglaterra resolveu aumentar vários impostos e taxas, além de criar novas leis que tiravam a liberdade dos norte-americanos. Dentre estas leis podemos citar: a Lei do Chá (deu o monopólio do comércio de chá à uma companhia comercial inglesa); a Lei do Selo (todo produto que circulava nas colônias deveria ter um selo vendido pelos ingleses) e a Lei do Açúcar (os colonos só podiam comprar açúcar vindo das Antilhas Inglesas).

No ano 1774 os colonos do Norte resolveram promover um congresso cujo objetivo era resistir às severas medidas acima citadas. Ainda sem caráter separatista, queriam o fim das medidas restritivas impostas pela metrópole e a maior participação na vida política da colônia.

O rei inglês George III não aceitou as propostas do congresso. Ao contrário, ampliou as medidas controladoras e restritivas, como por exemplo, por meio das chamadas "Leis Intoleráveis". Uma destas leis, conhecida como Lei do Aquartelamento, dizia que todo colono norte-americano era obrigado a fornecer moradia, alimento e transporte para os soldados ingleses. As "Leis Intoleráveis" geraram muita revolta nas colônias, influenciando diretamente o processo de independência.

Em 1776, os colonos se reuniram no segundo congresso com o objetivo maior de conquistar a independência. Durante o congresso, Thomas Jefferson redigiu a Declaração de Independência dos Estados Unidos da América. Porém, a Inglaterra não aceitou a independência de suas colônias e declarou guerra. A Guerra de Independência, que ocorreu entre 1775 e 1783, foi vencida pelos Estados Unidos com o apoio da França e da Espanha.

Em 1787, ficou pronta a Constituição dos Estados Unidos com fortes características iluministas e liberais. Garantia a propriedade privada (interesse da burguesia), mantinha a escravidão, optava pelo sistema de República Federativa e defendia os direitos e garantias individuais do cidadão. Surgiram os Estados Unidos da América, que foram o primeiro País a adotar a República Presidencialista.[77]

Nasce a primeira Constituição escrita de um Estado, com um novo formato de ordenamento jurídico que se transformou em paradigma e projetou um irreversível processo mudancista para diversos povos. O constitucionalismo americano consolidou um modelo político que combina regime liberal democrático representativo com o presidencialismo. Conforma um super Poder Executivo fiscalizado por um Poder Legislativo autônomo, supremacia constitucional com rigoroso controle de constitucionalidade e um Poder Judiciário ativo, que para além do seu papel típico, suas reiteradas decisões, consolidam costumes e definem condutas.

## 9.5 O CONSTITUCIONALISMO NA FRANÇA

O absolutismo francês ocupou um destacado espaço no contexto da história moderna. O sistema político foi progressivamente estruturado para, no transcorrer do tempo, consolidar um respeitado Estado monárquico com um nível de soberania que se transformou em paradigma para outras nações.

*Capeto assume o trono por volta do ano 987, nele permanecendo a chamada dinastia Capetíngia até 1328. Dalmo Dallari descreve assim este período: "Esse fato é realmente importante, pois permitiu a sucessão sem o uso da força armada para a obtenção e manutenção do poder, além de consolidar regras sobre o poder político no Estado francês, o que tem muito a ver com a configuração do absolutismo na França e também com a evolução do constitucionalismo, uma vez que as regras dessa espécie integram necessariamente o conjunto das normas constitucionais de um povo"*[78]*. Curiosidade: esta dinastia recebeu a denominação*

---

[77] Disponível em: https://www.suapesquisa.com/resumos/independencia_estados_unidos.htm. Acesso em 28.05.2019.

[78] DALLARI, Dalmo de Abreu. *A Constituição na Vida dos Povos*. São Paulo: Saraiva, 2010, p. 91.

*"Capetíngia" pelo fato de seu fundador ser conhecido popularmente pelo nome de Capeto em função de usar com frequência capa curta como abade secular. Seu reinado iniciou-se após a morte de Luis V.*

A dinastia Capetíngia, apesar de sólida – haja vista os seus séculos de duração -, sobreviveu a várias situações de conflito, dentre eles, um merece destaque: a Guerra dos Cem Anos. Este conflito deu-se em função de uma disputa entre Inglaterra e França. O poderio dos ingleses e a obstinada capacidade de resistência dos franceses explicam a sua longa duração, que na verdade, computou 116 anos e não os "100 anos" que denominam o conflito. Esta Primeira Grande Guerra europeia provocou profundas transformações sociais, políticas e, principalmente, na economia do continente. Os franceses foram apoiados por significativos povos, tais como *Escócia, Boêmia, Castela e Papado de Avinhão.*

Na Idade Moderna, em um período marcado por profundos conflitos religiosos, assumiu o comado da França a dinastia Valois. Essa era uma época em que a autoridade da Igreja Católica passava por profundos questionamentos. Na França, João Calvino dava consequências às teses suscitadas pelo alemão Martinho Lutero, conquistando a simpatia de amplos setores sociais, destacadamente a emergente burguesia, que via no movimento reformista religioso um instrumento eficaz para fustigar a tradicional aliança clero e senhores feudais.

Deste conflito religioso teve origem a dinastia dos Bourbon, iniciada por Henrique IV, que marcou a ascensão do protestantismo nos enfrentamentos religiosos. Com a chegada ao poder de Luís XIII, Richelieu assumiu um papel de destaque no seu governo. Como Ministro de Estado, ele foi o responsável pela estruturação do absolutismo no Estado Francês. Atribuem-se a ele os "méritos" de ampliar os poderes da monarquia sobre a emergente burguesia comerciante e de ampliar a influência da França no território europeu. Sua forma de governo e seu desejo expansionista culminaram na Guerra dos Trinta Anos. Esta guerra envolvendo várias nações europeias, também por conflitos religiosos, mas, fundamentalmente movida por interesses comerciais, foi para a França um período de afirmação de sua autoridade política e de sua arrecadação financeira. Mas, indubitavelmente, os franceses viveram o seu apogeu absolutista no reinado de Luis XIV. Preparado para ser rei desde criança, ele sintetizou em si todo o poder da dinastia. É atribuída a ele a famosa frase "*O Estado sou eu*".

Colbert, nomeado ministro por Luís XIV, buscou e conseguiu fortalecer o mercantilismo, concepção de economia que rompeu os marcos geográficos franceses, se espalhando para toda a Europa. Era o início da ascensão da burguesia capitalista, que veio ditar os caminhos do liberalismo no processo histórico que se segue. Esta nova classe social exigia maior atenção por parte do Estado, e o monarca, cioso do seu poder, a reprimia violentamente. Luís XIV não conseguiu impor sua vontade à nova classe emergente. Essa tensão resultou nas condições objetivas para a histórica Revolução Francesa, em 1789.

A sociedade francesa no início do século XVIII, estratificada e hierarquizada, passava por uma efervescência social. Esta realidade era motivo de profunda insatisfação. Não tinha mais sustentação popular o fato de o clero continuar no topo da pirâmide social, isento inclusive de pagar impostos, formando uma casta privilegiada juntamente com a nobreza, o rei, condes, duques e marqueses. Não havia justificativas plausíveis para estes setores privilegiados continuarem vivendo de luxo, de suntuosos banquetes e em magníficos castelos, enquanto em uma situação extrema, sustentando toda a sociedade com seu trabalho e pagando altos impostos, ficava a base da pirâmide – trabalhadores urbanos, camponeses e a burguesia. E mais, o desemprego, em constante aceleração, piorava a vida dos mais pobres.

No poder, a histórica classe dominante, acostumada a ver seus súditos curvarem-se diante da exploração, não percebeu as profundas mudanças econômicas em curso. Naquele momento histórico os trabalhadores camponeses já não mais estavam sozinhos: a emergente burguesia despontava como aliada no combate aos privilégios e privilegiados dos regimes absolutistas. Os interesses dos camponeses explorados se uniam aos interesses políticos da emergente burguesia. Estes, expressos no desejo de uma maior participação política e mais liberdade para suas atividades econômicas. Aqueles, por não aceitarem mais ver seu trabalho servir apenas para bancar a luxúrias da casta dominante.

A tensão política foi se avolumando e a insatisfação popular foi crescendo a um nível explosivo. O povo foi às ruas com o objetivo de tomar o poder e arrancar do governo a monarquia comandada pelo rei Luís XIV. O primeiro alvo dos revolucionários foi a tomada da Bastilha em 14.07.1789, o símbolo do poder francês. A famosa "Queda da Bastilha" foi o marco do processo revolucionário que projetou uma profunda transformação no mundo. Para além de um importante evento histórico com suas especificidades, a Revolução Francesa representou uma mudança real de paradigma para a história da humanidade.

O ministro Luís Roberto Barroso assim define este período: no final do século XVIII, "*Coube a ela, (aqui se referindo à Revolução Francesa) e não à Revolução Inglesa ou à Americana – dar o sentido moderno do termo "revolução", significando um novo curso para história e dividindo em antes e depois*".[79]

De fato, assiste razão ao autor citado: a Revolução Francesa é um marco para a humanidade, a começar pelo seu lema: "Liberté, Égalité, Fraternité". Sem dúvida, foi a partir da Queda da Bastilha que o mundo se voltou, com maior entusiasmo, para mudar a face do Estado. Entram em cena as ideias liberais e o absolutismo no mundo começa a entrar em depressão. A hegemonia política e social, até então feudal e aristocrática, passa a ser burguesa. Paris era tida como a capital do mundo civilizado. Portanto, o povo em marcha pelas ruas da cidade querendo tomar conta do seu próprio destino e propondo um novo formato de Estado, influenciou profundamente gerações mundo afora. Aquele evento histórico era o exemplo de que o povo quando quer, pode mais do que o Estado.

No mês de agosto de 1789, como saldo da bem sucedida revolução, é proclamado o histórico documento intitulado: "Declaração dos Direitos do Homem e do Cidadão". Este documento definia direitos individuais e coletivos, e foi a partir dele que, definitivamente, a acepção da palavra "seres humanos" passa ser universal. Influenciada pelos

---

[79] BARROSO, Luís Roberto. *Curso de Direito Constitucional Contemporâneo*. São Paulo: Saraiva, 2013, p. 47.

defensores do "*Direito Natural*", a Revolução Francesa projetou um novo paradigma para a ciência do Direito.

Os direitos dos homens passam a ser universalizados, válidos e exigíveis em qualquer tempo e lugar. Em 1791 concluíam-se os trabalhos da Assembleia Constituinte que cancelou todos os direitos feudais que existiam e promulgou a "Declaração dos Direitos do Homem e do Cidadão". Este importante documento trazia significativos avanços sociais, garantindo direitos iguais aos cidadãos, além de maior participação política para o povo. Porém, tais mudanças estavam limitadas aos interesses da nova classe dominante, e seu conceito bem-delimitado, como bem explica Mario G. Losano:[80]

> A essa altura, é necessário um esclarecimento que nunca será suficientemente sublinhado. O estudo da história leva a considerar a Declaração dos Direitos do Homem como o ponto de partida de uma futura evolução, que culminará na passagem dos direitos individuais aos sociais. Ao contrário, para a Assembléia Nacional aquela declaração constituía uma barreira intransponível: a revolução podia chegar até ali, e não ir além. O artigo 2 da Declaração, colocado como premissa da Constituição de 1791, indica os fundamentos do Estado burguês: 'A finalidade de toda associação política é a conservação dos direitos naturais e imprescritíveis do homem. Tais direitos são a liberdade, a propriedade, a segurança e a resistência à opressão'.

Desta forma, estavam delimitados os parâmetros de atuação do novo Estado em formação. Estava surgindo um modelo de Estado que veio a consolidar-se como exemplo seguido por muitos outros Estados Nacionais: o liberalismo político.

Sem prejuízo das críticas que se pode fazer, o movimento constitucionalista francês é resultante de um acúmulo histórico onde se combinaram formulações teóricas e empirismo e, em um processo

---

[80] DAVID, René. *Os Grandes Sistemas do Direito Contemporâneo*. São Paulo: Martins Fontes, 2002, p. 81.

dialético, suas contradições foram um fator motivador de sua evolução. Sem dúvida, o processo revolucionário de 1789 foi um fator determinante para consolidar as mudanças e projetar para todas as nações do mundo um novo paradigma: impossível falar das experiências de organização dos Estados Democráticos Nacionais contemporâneos sem que a Revolução Francesa seja, pelo menos, lembrada.

## 9.6 O PRINCÍPIO DA LEGALIDADE SOCIALISTA

A Revolução Marxista na Rússia, liderada por Lenin, Trótsky e outros revolucionários em 1917, é um acontecimento histórico que, mesmo depois de seu fracasso no início da década de 1990, ainda serve como referencial de estudos para aqueles que criticam as limitações objetivas dos conceitos de igualdade e liberdade nos vários modelos praticados pelo regime capitalista liberal. A Revolução Russa, que depois evoluiu para o modelo socialista soviético, aglutinou várias nações e deu origem à União das Repúblicas Socialistas Soviéticas (URSS). Foi a primeira experiência concretizada, com uma duração temporal razoável, que colocou em prática um sistema de governo que teve como base a teoria econômica do filósofo alemão Karl Marx.

O termo "soviético" nasce com ideia dos marxistas, que projetaram um modelo de governo de transição para o comunismo denominado de "socialismo científico", cujo modelo de participação do povo era centrado nos Conselhos Operários (Sovietes). Tais Conselhos eram colegiados, ou corpos deliberativos, projetados para ser a reunião de operários ou membros da classe trabalhadora com o objetivo de regular e organizar a vivência coletiva e a organização econômica material em um determinado território, ou mesmo na indústria. Este termo é comumente usado para descrever o regime de autogestão – trabalhadores governando a si mesmos, sem interferência dos patrões.

O materialismo histórico é uma doutrina cujos fundadores foram Karl Marx (1818-1883) e Friedrich Engels (1820-1895). É centrado, por um lado, na filosofia do materialismo histórico dialético e, por outro, na teoria da evolução aplicada à sociologia. No materialismo, como bem acentua René David:[81] "*as coisas materiais, que existem na natureza, constituem o primeiro dado; o pensamento, o espírito são uma simples propriedade da matéria; o pensamento, o espírito, a consciência nada mais são do que o reflexo do mundo material*".

Já a evolução social implica em nada ser estático, tudo é mutável. Portanto, tudo se coloca para o mundo vivido em constante evolução. Marx e Engels defendiam ser possível um completo domínio das ciências sociais de modo preciso, assim como as ciências naturais. Existem leis às quais obedecem ao desenvolvimento da humanidade. A descoberta destas leis serviria de base para dar consequências práticas a uma doutrina de socialismo científico para "*substituir os sonhos do socialismo utópico ulterior*".

Marx e Engels tomam como ponto de partida para sua teoria da evolução e do materialismo histórico dialético os fundamentos da dialética de Hegel: a ideia de que uma tese defendida e a sua consequente antítese provocam uma síntese como solução da contradição, motora do processo transformador que, por sua vez, faz iniciar um novo ciclo evolutivo. Hegel e seu idealismo buscam explicar a evolução da humanidade a partir do processo evolutivo do espírito humano.

Marx toma como base o mesmo princípio dialético para fazer um raciocínio contrário ao de Hegel. Para Marx é a matéria que comanda o espírito, é a realidade que faz nascer e/ou aperfeçoar a ideia. Traduzindo em modos práticos para as relações sociais, significa que é o modo de produção da vida material – a economia – que condiciona o processo evolutivo da sociedade. Em outras palavras: quem controla os meios de produção, a economia, segundo os marxistas, faz valer a sua vontade política.

No pensamento marxista é a infraestrutura econômica – condições nas quais são explorados os bens de produção – que determinam a superestrutura: as ideias, os costumes, a moral, as leis e a religião de homens e mulheres. Consequentemente, para o marxismo a superestrutura é instrumentalizada para viabilizar materialmente os interesses daqueles

[81] DAVID, René. *Os grandes sistemas do Direito Contemporâneo*. São Paulo: Martins Fontes, 2002, p. 192.

que controlam a infraestrutura, ou seja, é um instrumento daqueles que controlam o poder econômico, porque têm à sua disposição todos os meios de produção. O Direito é o meio pelo qual a classe dominante impõe seu controle sobre as classes exploradas. "*Falar de um Direito justo é recorrer a uma ideologia, isto é, a uma representação falsa da realidade; a justiça é uma simples noção histórica condicionada pelas circunstâncias de classe; o Direito de Estado burguês, que despreza os interesses do proletariado, é, do ponto vista deste, a negação da justiça*".[82]

Para ilustrar melhor este conceito marxista de Direito como instrumento de dominação de classe, cito Evgeni Bronislávovich Pachukanis (1891-1937), jurista soviético e membro do Partido Bolchevique, partido que comandou a Revolução de 1917. Ele escreveu:

> O Direito enquanto fenômeno social objetivo não pode esgotar-se na norma, seja ela escrita ou não. A norma como tal, isto é, o seu conteúdo lógico, ou é deduzida diretamente de relações preexistentes, ou, então, representa, quando promulgada como lei estatal, um sintoma que nos permite prever, com certa verossimilhança, o futuro nascimento de relações correspondentes. Para afirmar a existência objetiva do Direito não é suficiente conhecer o seu conteúdo normativo, mas é necessário saber se este conteúdo normativo é realizado na vida pelas relações sociais. A fonte habitual de erros neste caso é o modo de pensar dogmático que confere, ao conceito de norma vigente, uma significação específica que não coincide com aquilo que o sociólogo ou o historiador compreendem por existência objetiva do Direito.
>
> [...]
>
> A teoria formal-lógica do positivismo jurídico baseia-se no fato empírico de que as relações que se encontram sob a proteção do Estado são as que estão mais bem garantidas.
>
> A questão que examinamos reduz -se – para usar a terminologia da concepção materialista da história – ao problema das relações

[82] DAVID, René. *Os Grandes Sistemas do Direito Contemporâneo*. São Paulo: Martins Fontes, 2002, p. 194.

> recíprocas entre superestrutura jurídica e superestrutura política. Se considerarmos a norma, sob qualquer perspectiva, como momento primário, devemos então, antes de buscar uma determinada superestrutura jurídica, pressupor a existência de uma autoridade estabelecedora de normas, em outros termos, de uma organização política. Devemos concluir que a superestrutura jurídica é uma consequência da superestrutura política.
>
> O próprio Marx salienta que as relações de propriedade, que constituem a camada fundamental e mais profunda da superestrutura jurídica, se encontram em contato tão estreito com a base, que aparecem como sendo as "mesmas relações de produção", das quais são "a expressão jurídica". O Estado, ou seja, a organização da dominação política de classe nasce sobre o terreno de relações de produção e de propriedade determinadas. As relações de produção e sua expressão jurídica formam o que Marx denominou, na esteira de Hegel, sociedade civil. A superestrutura política e notadamente a vida política estatal oficial são momentos secundários e derivados.[83]

A doutrina política marxista toma como base a convicção de que a causa de todos os males da sociedade capitalista é o antagonismo das classes sociais provocado pela propriedade privada dos meios de produção. Ao concluir que as diferenças materiais entre as classes sociais não são produto da natureza, conclui o marxismo por serem elas produto do meio. Dito de outra forma: as diferenças sociais são um construído humano para atender ao desejo material de alguns. Portanto, segundo o marxismo, são passíveis de superação.

Adotando como paradigma a Teoria da Evolução e o materialismo histórico dialético de Marx, conclui-se que no processo evolutivo do antagonismo de classe "*podem e devem suprimir-se as classes sociais, proibindo a apropriação privada dos bens de produção e pondo estes bens à disposição da coletividade, que os explorará no interesse de todos*".[84] Este é o caminho

---

[83] PACHUKANIS. Evgeni Bronislávovich. *A Teoria Geral do Direito e Marxismo*. Rio de Janeiro: Renovar, 1989, pp. 57/60-61.

[84] DAVID, René. *Os Grandes Sistemas do Direito Contemporâneo*. São Paulo: Martins Fontes, 2002, p. 196.

proposto pela doutrina marxista de construir uma sociedade sem classes, sem as contradições antagônicas existentes no capitalismo; uma sociedade comunista na qual não existirá mais a exploração do homem pelo homem. No comunismo reinará a concórdia, cada um trabalhará para a coletividade, segundo sua capacidade, e dela receberá de acordo com a suas necessidades.

Para os marxistas, em uma sociedade onde não exista mais antagonismo de classes, não haverá mais a necessidade do Estado. Consequentemente, para esta teoria o Direito é produto da dominação de classes, um instrumento posto à disposição do Estado para oprimir a classe operária e os trabalhadores possuidores de um bem fundamental para os lucros dos burgueses – a força do trabalho. A nova sociedade comunista, para os marxistas, sem Estado nem Direito, é consequência de uma nova postura do homem que não mais necessitará vender sua força de trabalho a um explorador capitalista.

Como ficaria o Direito nesta nova sociedade? É "a volta do estado de natureza", as regras serão "morais", os costumes, de preceitos racionais, as boas técnicas, portanto, os indivíduos não mais seriam coagidos, sua adesão seria espontânea, pois racionalmente as reconheceriam como sendo a expressão da vontade geral – a verdadeira construção da justiça.

## 9.7 A CIÊNCIA DO DIREITO NA PRÁTICA SOCIALISTA

Quando os bolcheviques, sob a liderança de Lênin, ocuparam o Palácio de Inverno e assumiram o poder político na Rússia, o propósito de seus líderes era consolidar rapidamente a sociedade comunista. Sonhavam os revolucionários com uma ruptura radical com o antigo regime. A realidade objetiva, o estágio de desenvolvimento das forças produtivas somada à complexa diversidade cultural na pátria russa e depois soviética, forçaram os revolucionários a admitir uma transição por eles denominada de 'socialismo'. Esta transitoriedade, apesar de necessária, era encarada pelos marxistas/leninistas como uma sociedade imperfeita, embora substancialmente superior ao capitalismo.

Em sintonia com a finalidade da ciência marxista, a sociedade sem classes com o fim da exploração do homem pelo homem só seria possivel com a construção, por adesão natural, do comunismo. Nesta fase derradeira não haveria mais a necessidade do Estado. É neste contexto teórico que se coloca a ciência do Direito pelos socialistas marxistas. Para eles, o Direito nada mais é do que um instrumento posto a serviço do Estado para impor a vontade dos capitalistas. Portanto, no objetivo finalístico dos marxistas, com o desenvolvimento das forças produtivas, a coletivização dos bens de produção e o fim da divisão da sociedade de classes, o Direito desapareceria junto com o Estado.

Na realidade, não foi o que aconteceu. Tomando como base a revolucionária Rússia e, por conseqüência, o chamado bloco da União das Repúblicas Socialistas Soviéticas (URSS), o Direito acabou assumindo uma feição *sui gereris*. Depois da tomada do Palácio de Inverno, os revolucionários russos desenvolveram um conceito de "revolução incompleta" e "revolução em marcha". "Incompleta" porque ela se completaria com a implantação futura do comunismo; "em marcha" para dialogar com o conceito de materialismo dialético marxista. Tudo isso para justificar o que os marxistas conceituaram como "Ditadura do Proletariado" que, fundamentalmente, implicaria no proletariado (classe trabalhadora) impor sua vontade aos capitalistas em uma fase de transição entre o capitalismo e o comunismo que os marxistas/leninistas chamaram de socialismo.

O Direito neste período ganhou um conceito próprio e específico para as circunstâncias que viviam. Portanto, diferentemente do conceito de Direito ordenador e organizador adotado nos regimes capitalistas liberais, no socialismo o Direito assume um caráter transformador, instrumento para encaminhar a sociedade à construção comunista, sem a qual não se concretizaria a "igualdade plena", nem a verdadeira liberdade e muito menos uma racional moralidade.

Nos primórdios da implantação do socialismo, como bem escreveu René David:

> O Direito concebe-se essencialmente como um instrumento a serviço dos governantes. Isto é admitido sem escrúpulo e sem fingimentos porque a *política* dos países socialistas é diferente da

> *política* dos Estados burgueses; os dirigentes soviéticos, esclarecidos pela doutrina marxista, conhecem o fim para que deve dirigir, em conformidade com as leis científicas que regem o desenvolvimento da sociedade. O objetivo do Direito, confundindo com a Política, é fornecer à sociedade não só uma organização econômica de acordo com as leis, mas também educar os cidadãos, mostrando-lhes a natureza, hoje censurável, de comportamentos que eram compreensíveis, e até mesmo normais na era capitalista.

A prática socialista parte da premissa de que, com a implantação do comunismo, desaparecem as classes sociais, a exploração do homem pelo homem e, consequentemente, o Estado. Como, segundo o conceito leninista, o Direito no regime capitalista é instrumento à disposição do Estado burguês para oprimir o ploletariado, nesta fase de transição para o comunismo o Direito será positivado e colocado para servir aos governantes – para além de servir de instrumento de concientização da massa proletária, preparando-a para aderir a um novo paradigma de relação humana, impor aos capitalistas uma nova organização econômica cuja coletivização dos meios de produção e, por conseqüência, aquilo por eles produzido, deixe de pertencer a alguns e passe a servir à toda a coletividade. É o Direito viabilizando o conceito de "Ditadura do Proletariado".

Os elementos científicos justificadores das transformações sociais não foram suficientemente compreendidos pelos protagonistas do comunismo, ou pior, as elaborações teóricas acerca do socialismo não foram capazes de alcançar o "auditório" de beneficiados e/ou interessados em um futuro de plena abundância anunciado pelos socialistas.

As contradições no interior de cada Estado socialista, somados às disputas ideológicas mundo afora – capitalismo liberal *versus* socialismo científico – levou à restrição dos regimes socialistas ao bloco soviético e a alguns poucos países em outros continentes, e em uma atitude do tipo "salve-se quem puder", cada pátria socialista foi cuidar de seus interesses, relativizando a importância da disputa de hegemonia em curso nos principais continentes. A bem falada tese da "revolução permanente" – expansão do modelo socialista para outros países – foi aos poucos cedendo espaço ao pragmatismo. Tal pragmatismo estava sempre acompanhado de argumentos do tipo "ameaça externa" e "cerco capitalista" que, associados à dita "necessidade de consolidação do socialismo no Estado para depois avançar", retardava a ação de comunistas de outros países.

No processo de evolução dos Estados socialistas, aquela visão inicial, que pensava em poder abolir o princípio da legalidade, substituindo-o por uma razão revolucionária de adesão natural às "normas justas" foi-se revelando utopia. Na verdade, o que se verificou foi um profundo fortalecimento do Estado e, consequentemente, a restituição do caráter autoritário do princípio socialista como nos países burgueses. Originalmente criticadas pelos socialistas, agora as normas do Direito passam a ser extremamente úteis para a burocracia estatal socialista impor a sua vontade.

A URSS, na sua época do socialismo e seu bloco no Leste Europeu, e hoje aqueles países que ainda resistem e se proclamam comunistas (Cuba, China, Coreia Norte), não conseguiram viabilizar o "sonho" no qual os sentimentos racionais e espontâneos de solidariedade fossem a tônica do bom relacionamento e da boa harmonia social.

O conceito de "liberdade plena" foi sendo esquecido: em seu lugar passou a imperar o termo disciplina: disciplina para alcançar níveis de produção mais elevados; disciplina para aceitar as orientações do partido único e disciplina para acatar as ordens do Estado como verdadeiras. Em outros termos: o princípio da legalidade socialista é um imperativo absoluto, a ele todos devem obediência sem muitos questionamentos. Como escreveu René David: "*Os cidadãos soviéticos devem obedecer às leis soviéticas porque elas são justas, e são justas porque o Estado é um Estado socialista, que existe no interesse de todos e não no interesse de uma classe privilegiada*".[85] Nada mais positivista do que tal afirmação, talvez tão positivista quanto a tese da Teoria Pura do Direito de Hans Kelsen.

---

[85] DAVID, René. *Os grandes Sistemas do Direito Contemporâneo*. São Paulo: Martins Fontes, 2002, p. 236.

O fato é que no desenrolar prático do projeto de socialismo, o grande sonho comunista foi cedendo lugar ao pragmatismo. Aquilo que era visto como um projeto transitório foi adquirindo contornos definitivos. O termo "socialismo científico" foi aos poucos sendo substituído pelo termo "socialismo real", que pode ser assim interpretado: nada além do possível. O objetivo de coletivização dos bens de produção e de transferir os produtos por eles produzidos à coletividade cedeu espaço para a chamada "economia planificada" e a "estatização da propriedade", sem levar em consideração a função produtiva e social da propriedade.

O ideário participativo – os Conselhos (sovietes) – como base fundamental das decisões políticas foi, aos poucos, sendo substituído por um regime de partido único, com a decorrente confusão entre partido e Estado, cuja consequência foi a consolidação de uma despropositada casta burocrática, uma verdadeira aristocracia política, com enormes privilégios que, de posse do aparelho de Estado, se utilizava das regras do Direito para impor o seu domínio e, em "nome do proletariado", impor uma ditadura de uma minoria sobre a maioria do povo.

Mais uma vez o Direito positivo acabou imperando como instrumento de dominação. No socialismo, não mais a serviço dos capitalistas exploradores, mas a serviço de uma economia planificada dirigida por uma casta burocrática que tomou de assalto o Estado e impôs uma ditadura de partido único. Mas o que é ainda pior é que a fonte principal do Direito positivo no "socialismo real" não é a sociedade e muito menos o Estado. As normas jurídicas são impostas pelo partido do poder, sem nenhum contraditório, e sem levar em consideração a diversidade sociocultural existente no seio da sociedade. Dois fatores se combinam para o exercício do domínio político no socialismo: o medo da mão pesada do Estado e o domínio ideológico que fez e faz das teses marxistas um dogma, portanto, inquestionáveis.

# Capítulo X

# O CONSTITUCIONALISMO CONTEMPORÂNEO

Do ponto de vista formal, todo dispositivo que integre o corpo da Constituição desfruta da posição especial referida acima. O Direito Constitucional Positivo consiste, em primeiro lugar, nas normas que compõe a Constituição. Dentre elas se incluem não apenas as que foram editadas com o texto originário, como também as que venham a ser acrescentadas por Emendas Constitucionais, quer figure diretamente no texto, quer tenham uma existência autônoma, a ele justaposta. Mas o Direito não se esgota nas normas legisladas: nele se inclui, igualmente, o costume, proposição que é válida também no âmbito do Direito Constitucional, a despeito das sutilezas que comporta. De parte disso, no contexto pós-positivista contemporâneo, o Direito já não cabe integralmente no relato da norma, sendo admissíveis construções que expandem o seu sentido e alcance, com fundamento nos valores compartilhados pela sociedade e respeitados os limites da legitimidade democrática da atuação judicial. Além desse papel renovado atribuído ao intérprete, o Direito contemporâneo, nos países romano-germânicos, inclusive e destacadamente no Brasil, vem atribuindo importância crescente à jurisprudência e, especialmente, a jurisprudência constitucional, que alguns autores já vêm reconhecendo como fonte formal do Direito. (Luís Roberto Barroso).[86]

---

[86] BARROSO, Luís Roberto *Curso de Direito Constitucional Contemporâneo*. São Paulo: Saraiva, 2014, pp. 71-72.

O constitucionalismo nos tempos contemporâneos é marcado por uma tendência dominante do Direito positivo. Eu disse "dominante" porque, mesmo em se tratando do Direito codificado, há sempre margem para uma análise valorativa em se tratando da hermenêutica jurídica. Ainda mais quando se trata de Direito Constitucional onde vem à tona, e com muita ênfase, a forte relação entre o Direito e o poder político. Estes dois elementos são fundamentados na própria existência do Estado, uma espécie de "irmãos siameses", inseparáveis, portanto, é que dão à Constituição a dimensão de norma fundamental. Não podia ser diferente: é da política e do poder, por consequência, o papel de articular e legitimar o grande pacto da sociedade em torno dessa norma maior, a Constituição, e a Constituição nos modelos de Estados contemporâneos é a viga mestra que sustenta e dá legitimidade a todo o ordenamento jurídico que vigora em cada Estado.

Por ser o Direito positivo uma criação humana, ao contrário do Direito Natural, que é deduzido, as Constituições contemporâneas estão sempre associadas à correlação de forças políticas e sociais que atuam em uma determinada sociedade. Alguns fatos de relevância histórica, tais como a Queda da Bastilha, inicio da Revolução Francesa em 1789; a Declaração do Homem e do Cidadão; e o movimento de independência americana e o seu consequente constitucionalismo consolidaram as bases ideológicas fundantes do conceito de Constituição liberal que projetou para a humanidade uma nova forma de organização do Estado, com separação dos poderes e com normas constitucionais voltadas, ainda que de forma incipiente, para a garantia dos direitos fundamentais.

Estas bases teóricas foram contraditadas pelo debate marxista e suas consequências práticas iniciadas em 1917 com a Revolução Bolchevique. A Revolução Russa, que se em um primeiro momento teve o papel de contraditar o modelo jurídico liberal, e em um segundo, o chamado "socialismo real" e a "guerra fria", promoveram uma polarização ideológica que, dialeticamente, forçou a humanização das relações sociais nos Estados capitalistas, influenciando sobremaneira o conteúdo dos arcabouços jurídicos na maioria das nações. Como se vê, a Política – com suas contradições e o seu dinamismo – esteve, está e sempre estará no comando.

Uma compreensão da umbilical relação da Política e do Direito é fundamental para compreender o sentido do constitucionalismo contemporâneo. Joaquim José Gomes Canotilho fez uma elaboração apurada e precisa desta matéria nos seguintes termos:

> O constitucionalismo moderno legitimou o aparecimento da chamada Constituição moderna. Por **Constituição moderna** entende-se a ordenação sistemática e racional da comunidade política através de um documento escrito no qual se declara as liberdades e os direitos e se fixam os limites do poder político. Podemos desdobrar este conceito de forma a captarmos as dimensões fundamentais que ele incorpora: (1) ordenação jurídico-político plasmada num documento escrito; (2) declaração, nesta carta escrita, de um conjunto de direitos fundamentais e do respectivo modo de garantia; (3) organização do poder político segundo esquemas tendentes a torná-lo um poder limitado e moderado. Este conceito de Constituição converteu-se progressivamente num dos pressupostos básicos da cultura jurídica ocidental, a ponto de se ter já chamado "conceito ocidental de Constituição"[87].

Canotilho segue em sua obra tecendo considerações sobre a Constituição como expressão de uma ruptura revolucionária com posições conservadoras, as experiências consuetudinárias e o sentido históricos de constituições. Fundamentalmente, o que melhor serve aos tempos atuais é absorver do conceito acima os parâmetros político/jurídicos de constituições descritos pelo jurista português. Quando, nos tempos contemporâneos, alguém se refere a um Estado nacional, realidade vivida por povos de todos os continentes, logo se imagina um sistema jurídico hierárquico em cujo topo da pirâmide há uma Constituição escrita e a ela está submetido todo o sistema de normas infraconstitucionais.

Falando de Positivação do Direito, um pouco mais rigoroso quanto ao conceito de hierarquização das normas jurídicas, segue Hans Kelsen,

---

[87] CANOTILHO, José Joaquim Gomes. *Direito Constitucional e Teoria da Constituição.* Coimbra: Almedina, 7ª ed., 2003, p. 52.

um dos principais protagonistas do Direito positivo de nossa era. Kelsen está entre os doutrinadores que melhor explicitou a posição em favor do Direito como ciência, separando o sistema de validade de normas das razões valorativas. Para Kelsen, validade das normas jurídicas nada tem a ver com valor. Na sua Teoria Pura, a questão valorativa é uma questão subjetiva e está em cada indivíduo; já quanto à validade para o austríaco basta ser a norma jurídica produzida pela autoridade competente estatal, obedecidas todas as formalidades legais, para produzir todos os seus efeitos. O modelo kelseniano é um modelo de normas integrado, obedecendo a um sistema hierarquizado, cujo topo é sempre uma Constituição. Assim ele descreve seu modelo:

> Como, dado o caráter dinâmico do Direito, uma norma somente é válida porque e na medida em que foi produzida por uma determinada maneira, isto é, pela maneira determinada por uma outra norma, esta outra norma representa o fundamento imediato de validade daquela. A relação entre a norma que regula a produção de uma outra norma e a norma assim regularmente produzida pode ser figurada pela imagem espacial da supra-infra-ordenação. A norma que regula a produção é a norma superior, a norma produzida segundo determinação daquela é a norma inferior. A ordem jurídica não é um sistema de normas jurídicas ordenadas no mesmo plano, situadas umas ao lado das outras, mas é uma construção escalonada de diferentes camadas ou níveis de outras normas jurídicas. A sua unidade é produto da conexão de dependência que resulta do fato de a validade de uma norma, que produzida de acordo com outra norma, se apoiar sobre esta outra norma, cuja produção, por sua vez, é determinada por outra; e assim por diante, até abicar finalmente na norma fundamental – pressuposta. A norma fundamental hipotética, nestes termos – é, portanto, o fundamento de validade que constitui a unidade desta interconexão criadora.[88]

O modelo jurídico kelseniano é um sistema fechado e interdependente de normas cuja integração hierárquica na sua produção, por

[88] KELSEN, Hans. *Teoria Pura do Direito.* São Paulo: Martins Fontes, 2000, p. 247.

fonte estatal competente, é que leva à validade de todo o ordenamento jurídico. Não há como negar a forte influência desta teoria nos ordenamentos jurídicos dos Estados contemporâneos. Quase todos, com raríssimas exceções, adotam um sistema rígido de constituições escritas que fundamenta e legitima todas as demais normas infraconstitucionais.

No referido modelo jurídico deve haver um rigoroso controle de constitucionalidade exatamente para proteger a autoridade da Constituição. Para adentrar o sistema, uma lei se submete a um rígido controle preventivo que se inicia nas Comissões de Constituição e Justiça nos Parlamentos, passa pelo seu Pleno e conclui com o veto ou sanção jurídica do chefe do Executivo. Para além deste controle prévio, caso, por algum motivo uma norma adentre a ordem jurídica contendo inconstitucionalidade formal ou material, ainda assim ela poderá ser retirada do ordenamento por via do controle repressivo, feito de forma incidental, com efeito *inter partes*, pelo controle difuso ou na forma concentrada de controle de constitucionalidade, provocada pelos legitimados junto ao Supremo Tribunal Federal (STF) do Brasil e, excepcionalmente, no caso de leis municipais, pelos Tribunais de Justiça (TJs) dos Estados federados.

Nenhuma norma infraconstitucional, assim como apregoou Kelsen, pode ameaçar a autoridade constitucional. Corroborando com este raciocínio, Kelsen escreve: "*A Constituição de um Estado pode – como Constituição escrita – aparecer na específica forma constitucional, isto é, em normas que não podem ser revogadas ou alteradas como leis normais, mas somente sob condições mais rigorosas*"[89]. É este formato rígido de Constituição que estabelece regras mais dificultosas para se efetuar uma mudança constitucional, que faz da Carta Magna uma norma especialíssima – dando uma dimensão jurídica e política ao poder constituído. O fato é que nos Estados contemporâneos, com raríssimas exceções, o modelo que impera é de constituições rígidas, hierarquização das normas jurídicas e de um rigoroso controle de constitucionalidade, capaz de assegurar a autoridade da Carta Maior.

---

[89] KELSEN, Hans. *Teoria Pura do Direito*. São Paulo: Martins Fontes, 2000, p. 259.

## 10.1 A AUTORIDADE DA CONSTITUIÇÃO COMO NORMA FUNDAMENTAL

A autoridade constitucional é uma questão fundamental para as sociedades contemporâneas. É esta autoridade que faz existir os Estados Nacionais nos formatos, com a consistência e com a harmonia necessárias. Canotilho busca justificar o núcleo duro de uma Constituição no artigo 16 da "Declaração dos Direitos do Homem e do Cidadão" (França, 1789). Na sua obra "Direito Constitucional" ele escreve:

> Artigo 16º "Toute société dans laquelle la garantie des droits n'est pas assurée, ni la separation des pouvoirs déterminée n'a point de constituicion".
>
> Tradução: – "A sociedade em que não esteja assegurada a garantia dos direitos nem estabelecida a separação dos poderes não tem Constituição".
>
> Como se vê, não se fala aqui em Estado, mas em sociedade. A sociedade tem uma Constituição; a Constituição é a constituição da sociedade. Isto significa que nos esquemas políticos oitocentistas a Constituição aspirava a ser um "corpo jurídico" de regras aplicáveis ao "corpo social". A estruturação articulada do corpo político e do corpo social através de um *corpus* jurídico recolhia ainda a ideia de *res publica* ou *commonwealth* "constituída" ou "conformada" por uma lei fundamental. Nos principais teóricos do constitucionalismo (Montesquieu, Rousseau, Locke) as estruturas sociais tinham, de resto, significativa expressão nas próprias tecnologias organizativas do poder desenhadas na Constituição. Neste sentido se compreende a expressão – Constituição da República – para exprimir a ideia de que a Constituição se refere não apenas ao Estado, mas à própria comunidade política, ou seja, à *res publica*.[90]

Esclarecedora a citação acima. Já nos primórdios do constitucionalismo moderno ficava claro que uma Constituição serve à sociedade

---

[90] CANOTILHO, José Joaquim Gomes. *Direito Constitucional e Teoria da Constituição*. Coimbra: Almedina, 7ª ed., 2003, p. 88.

e não a uma estrutura dissociada dos reais interesses e necessidades dos seus membros. Os interesses em qualquer coletividade não são eternos, ao contrário, são dependentes de correlações de forças politicamente organizadas ou de eventuais hegemonias ideológicas, estas também de durabilidade variável.

Em uma democracia consistente, as disputas ideológicas e programáticas são objeto e, ao mesmo tempo, termômetro das mudanças. Porém, nem sempre as ideias hegemônicas que se revelam eficientes para comandar rupturas conjunturais são suficientemente consistentes para tornar seus efeitos prolongados no tempo. Por outro lado, toda transformação implica em novos paradigmas e valores e, consequentemente, projetam novas expectativas. São estes elementos da dialética que fazem a roda da história girar em movimentos progressivos.

Para servir à sociedade, como propõe a reflexão de Canotilho, nenhuma Constituição poderá ser estática, sendo, portanto, passível de questionamentos. O *status quo* é uma expressão conservadora que na sua etimologia significa "manter a situação em que estava antes". Na relação de forças política há sempre uma contraposição entre os verbos conservar e mudar. Mas uma verdadeira Constituição, no sentido proposto por Canotilho, é aquela que reflete o dinamismo social, e em um Estado Democrático de Direito a relação de interesses da sociedade e o conteúdo de sua Constituição é o que torna legítimo o poder político constituído.

Uma Constituição não é uma simples lei aprovada em um determinado parlamento, circunstancial e temporal – resultante de correlações de forças políticas também circunstanciais e temporais que o compõem. Para ser eficaz, esta deve expressar a real correlação de forças, políticas e sociais, que se formam em um determinado Estado e que pactuam normas consistentes fundamentais, e que esta "norma maior" consiga unir em torno de si a opinião pública para, em um alongado tempo, conformar uma hegemonia política capaz de assegurar legitimidade do formato de poder majoritariamente desejado.

Desse modo, em se tratando de legitimidade de uma Constituição, não basta um conceito técnico, mesmo que preciso, porém burocrático.

Ferdinand Lassalle, em uma postura crítica ao reducionismo técnico-jurídico, afirma: "*Se fizesse uma pergunta a um jurisconsulto do tipo: onde podemos encontrar o conceito de uma Constituição, seja ela qual for? Receberia mais ou menos esta resposta: (...) a Constituição é uma lei fundamental proclamada pelo País, na qual se baseia a organização do Direito Público desse Estado*"[91]. De fato, uma Constituição é mais do que um conjunto de normas do Direito – ela é a expressão jurídica de um pacto político estruturante que organiza a convivência social em todas as dimensões de todos os que vivem e convivem em um determinado Estado.

Para uma Constituição – no Brasil, nos EUA, em Cuba ou na China – servir a estes objetivos é necessário que haja um elo normativo entre a Política e o povo; deve ter a concordância majoritária e o respeito das sociedades intermediárias (associações diversas, sindicatos, partidos polítcos, etc.) e, principalmente, pelo conjunto de todos os cidadãos. Deve expressar as expectativas positivas do presente e do futuro como fonte inspiradora do otimismo de toda a nação.

Lassalle assim explica: "*Quando a Constituição reflete os fatores reais e efetivos do poder, não pode existir um partido político que tenha por lema o respeito à Constituição, porque ela já é respeitada, é invulnerável. Mau sinal quando este grito repercute no País, pois isso demonstra que na Constituição escrita há qualquer coisa que não reflete a Constituição real, os fatores reais do poder*"[92]. "*Constituição escrita, sem a devida correspondência com a cultura, as expectativas econômicas e políticas de seu povo, é apenas uma folha de papel*".

A Constituição de um Estado é suprema, e esta supremacia deve expressar um pacto social de convivência harmônica, conformado não pela força ou pelo medo da mão pesada do Estado, mas sim pelo auto-convencimento dos indivíduos membros e todo o seu corpo intermediário associativo que, percebendo a sintonia entre seu conteúdo e suas reais necessidades, naturalmente se propõe a obedecê-la para melhor organizar a convivência comunitária.

---

[91] LASSALLE, Ferdinand. *O que é uma Constituição?* Campinas: Russell, p. 16.

[92] LASSALLE, Ferdinand. *O que é uma Constituição?* Campinas: Russell, p. 49.

Assim, conclui-se que os direitos fundamentais são a expressão constitucional da vontade coletiva, até porque não há Estado sem essa norma suprema – a Constituição – obedecida por todo o seu corpo. Constituição, portanto, é a expressão jurídica do poder político constituído, que por sua vez, para constituir-se com autoridade, carece de legitimação social. Trata-se de uma via de mão dupla: os cidadãos encaminham seus representantes ao poder e estes buscam, com seus atos, legitimar-se perante os cidadãos.

O século XX foi marcado pela polarização capitalismo *versus* socialismo. De um lado, o formato de Estado centrado meramente na igualdade formal – Estado liberal burguês – não atendia mais aos anseios majoritários dos povos que viviam nestes modelos de gestão, e isso ocorria por razões relativamente de fácil compreensão: a força de trabalho como uma mera mercadoria supervalorizava o lucro e colocava o ser humano como mera peça de reposição do sistema capitalista, cujo desenfreado desejo de lucros só fez aumentar o fosso entre ricos e pobres.

Por outro lado, em contraponto ao modelo liberal de acumulação capitalista, expandiam-se as experiências socialistas, baseadas nas teses do socialismo científico propagado por Marx, mas que alguns socialistas pragmáticos, para justificar tacanhas adaptações às teses marxianas originárias, ousaram chamá-lo de "socialismo real". Um regime político fechado, de economia planificada, Estado forte, autointitulado de Estado proletário, com um regime político de partido único, uma verdadeira confusão entre o partido e o Estado, também conhecido como "ditadura do proletariado".

A resultante desta polarização foi a chamada "Guerra Fria", centrada na indústria pesada de guerra que movimentava as economias norte-americana e soviética, com repercussões diretas, quase sempre negativas, nas nações sob sua influência política e militar, tanto no seu desenvolvimento econômico e social quanto nas suas formas de organização política, com resultados, em termos empíricos, desastrosos para a humanidade.

Esta contradição estimulou e inspirou diversas elaborações teóricas e experiências políticas em todos os continentes, com fortes desdobramentos na organização políticas dos Estados contemporâneos. O chamado "socialismo real" – visto em tópico específico – como modelo a ser seguido pela humanidade, não prosperou, mas foi determinante para estimular, pelo contraditório, a formulação de novos modelos de Estados. No lugar das teses genuinamente liberais, um novo modelo de Estado foi-se impondo, centrado na tolerância democrática, em políticas sociais voltadas para o desenvolvimento do ser humano e em normas jurídicas como expressão da vontade majoritária da sociedade. Estado em que é usual a doutrina majoritária chamá-lo de "Estado Democrático Social de Direitos", que Cambi prefere conceituá-lo como *Estado de Direitos Fundamentais.*[93]

Sem nenhum exagero, mas também longe do conformismo conservador que marca vários teóricos do Direito, é positivo constatar que as sociedades politicamente organizadas, por uma questão de segurança jurídica, procuram, mais do que positivar, constitucionalizar aquilo que consideram fundamental em matéria de conquistas. Não podia ser diferente. A Constituição de um Estado Democrático de Direito pressupõe, efetivamente, um ordenamento jurídico voltado para o desenvolvimento integral do ser humano. Por isso mesmo que a sociedade organizada vê com naturalidade a constitucionalização dos seus direitos fundamentais. Exatamente por serem 'fundamentais' e para maior segurança jurídica de todos, estes devem estar contidos na lei maior do Estado – a Constituição. Eduardo Cambi escreve:

> (...) No atual estágio de desenvolvimento jurídico, os direitos fundamentais representam os elementos definidores e legitimadores de todo o ordenamento jurídico positivo, proclamando um concreto e objetivo sistema de valores de aplicação imediata e de vinculação do poder público. Definem uma cultura jurídica e política, limitando o poder do Estado. Por isto, o moderno Estado de Direito Democrático constitucional deve ser denominado de Estado de Direitos Fundamentais. O Estado de Direito é uma categoria interdependentes dos direitos fundamentais, porque

---

[93] CAMBI, Eduardo. *Neoconstitucionalismo e Neoprocessualismo.* São Paulo: Revista dos Tribunais, 2010, p. 24.

> somente são soberanas as leis que constituam manifestação externa das exigências de racionalidade e de liberdade, não a vontade arbitrária daqueles que detêm o poder.[94]

Cambi lembra em sua obra que a história do constitucionalismo é de uma progressiva expansão das esferas dos *direitos*[95]. Não há dúvida sobre a veracidade desta afirmação. Em se tratando de progressão, podemos constatar que o constitucionalismo como resistência à opressão do Estado no século XVIII foi basicamente um apelo liberal da burguesia em ascensão por liberdade como sinônimo de livre iniciativa, como instrumento para impedir que o 'poderoso Estado' avançasse sobre o direito de propriedade, essência do conceito de igualdade no liberalismo, igualdade esta do ponto de partida ou, simplesmente, em seu estado 'formal' – do tipo "todos são iguais perante a lei".

O constitucionalismo contemporâneo não se conforma com esse conceito de igualdade formal defendido pelos liberais. O constitucionalismo contemporâneo já não se vê contido no clássico conceito de "Estado de Direito", cuja essência expressa a igualdade formal perante a lei, e quer ir além do já insuficiente conceito de "Estado Democrático de Direito". Na verdade, o que expressa com maior precisão sua constante busca por uma maior igualdade material é o que muitos teóricos conceituam como "Estado Democrático Social de Direito", e este conceito, na sua essência, é a constitucionalização dos direitos fundamentais. Ou seja, para além de sua segurança, da paz e da igualdade formal, as sociedades organizadas em torno dos contemporâneos Estados Nacionais, vê como sendo fundamental para sua existência, sua harmonia, sua prosperidade e sua soberania, enfim, o seu estado de bem estar social em todas as suas dimensões e tudo o que é fundamental para a sua existência deve ser parte integrante de sua organização – sua Constituição.

---

[94] CAMBI, Eduardo. *Neoconstitucionalismo e Neoprocessualismo*. São Paulo: Revista dos Tribunais, 2010, p. 24.

[95] CAMBI, Eduardo. *Neoconstitucionalismo e Neoprocessualismo*. São Paulo: Revista dos Tribunais, 2010, p. 37.

Louvemos o conceito de Constituição como expressão da vontade da sociedade, pois quanto maiores suas garantias constitucionais, mais seguro estará o seu futuro; quanto maior a sintonia com os seus desejos, mais legitimidade jurídica ganhará a carta política de uma nação.

# Capítulo XI

# O DIREITO PARA ALÉM DAS NORMAS POSTAS

Em tempos de enfrentamento entre constitucionalismo (contemporâneo) e positivismo (e os vários positivismos) e tudo o que isso representa para uma sociedade díspar e carente de realização do Direito como a brasileira, é de fundamental importância discutir o problema metodológico representado pela tríplice questão que movimenta a teoria jurídica contemporânea em tempos de pós-positivismo: como se interpreta, como se aplica e se é possível alcançar interpretativas capazes de garantir uma resposta correta (constitucionalmente adequada), diante da (in)determinabilidade do Direito e da crise de efetividade da Constituição, problemática que assume relevância ímpar em países de modernidade tardia como o Brasil, em face da profunda crise de paradigmas que atravessa o Direito, a partir de uma dogmática jurídica refém dos positivismo exegético, fático e normativista, cujo o resultado final é uma mixagem de vários modelos jusfilosóficos, como as teorias voluntaristas, internacionalistas, axiológicas e semânticas, para citar apenas algumas, as quais guardam um traço comum: o arraigamento ao esquema sujeito-objeto.

Ou seja, é preciso compreender que, nesta quadra da história, o Direito assume um caráter hermenêutico, tendo como consequência um efetivo crescimento no grau de deslocamento do polo de tensão entre poderes do Estado em direção à jurisdição (constitucional), pela impossibilidade de o legislativo (a lei) antever todas as hipóteses de

> aplicação. À medida que aumentam as demandas por direitos fundamentais e que o constitucionalismo, a partir de preceitos e princípios, invade, cada vez mais, o espaço reservado à regulamentação legislativa (liberdade de conformação do legislador), cresce a necessidade de se colocar limites ao "poder hermenêutico" dos juízes.
>
> Quanto mais decrescem a liberdade de conformação do legislador em detrimento do crescimento do espaço destinado à justiça constitucional – e as razões pelas quais isso ocorreu a partir do segundo pós-guerra têm natureza paradigmática -, torna-se necessário construir condições para um controle democrático da aplicação (judicial) da lei. Textos constitucionais compromissórios, com amplo catálogo de direitos fundamentais individuais e coletivos, inexoravelmente, geram um aumento de demandas.
>
> Consequentemente – considerando que o Direito é uma ciência prática –, o centro da discussão sofre um deslocamento em direção ao mundo prático, que, até o advento do Estado Democrático de Direito, estava obnubilado pelas conceitualizações metafísico-positivistas, sustentadas, por sua vez, por uma metodologia com evidentes matizes metafísico-dualístico-representacionais[96].

Nos tempos contemporâneos, o formalismo jurídico, que serviu de base para legitimar o liberalismo burguês, já não possui o mesmo significado que possuía antes. Mesmo porque o Estado de Direito que faz das normas jurídicas um instrumento de justificação da força coercitiva do Estado para impor regras de conduta à coletividade não se demonstrou neutro: está sempre a serviço do poder político constituído.

Isso não significa a negação de todo tipo de formalismo jurídico. Trata-se da mera constatação de que as normas jurídicas codificadas limitam-se a ser um instrumento posto à disposição mais do Estado do que da sociedade. O Direito positivo justifica-se nos termos: *conservação* = resistir ao desgaste causado pelo tempo e/ou continuar como e onde está; *perenidade* = qualidade do que é durável ou eterno; *continuísmo* =

---

96 STRECK, Lênio Luiz. *Verdade e Consenso – Constituição, Hermenêutica e Teorias Discursivas*, São Paulo: Saraiva, 5ª ed., 2014, pp. 68-69.

prolongar no tempo, persistir e não cessar; *estabilidade* = qualidade daquilo que é estável, permanência ou duração, que não se altera.

O Direito positivo é a vocação de conservar o que é, e nunca estimular o que será. Não há nada de extraordinário nesta constatação: nenhum modelo de poder político já nasce com o desejo de desaparecer em seguida. Com o liberalismo não é diferente. Aliás, o liberalismo tem demonstrado uma capacidade surpreendente de resistir ao natural desgaste próprio do tempo de sua duração. Esta durabilidade se explica pela sua capacidade de estabelecer o diálogo com o sentimento competidor do ser humano, ao inculcar nos indivíduos a ideia de que, protegidos por regras estatais que lhes assegurem a igualdade do ponto de partida, sozinhos eles poderão "vencer" e melhorar sua vida material.

A durabilidade deste pensamento político não seria bem sucedida, caso seus defensores não tivessem estabelecido regras claras para disciplinar e, ao mesmo tempo, estimular o germe competidor incrustado em cada indivíduo. O princípio da igualdade formal (igualdade perante a lei), acoplado à ideia de um Estado forte, repressor, se necessário, e a segurança oferecida pelo poder político constituído aos indivíduos, são as "garantias" oferecidas aos cidadãos, estes, ansiosos por uma aurora de sucesso material em suas vidas, fazem de suas expectativas positivas um fator e um elemento de coesão política em torno do regime político posto.

O liberalismo sobrevive de "expectativas positivas", nem sempre realizáveis, de homens e mulheres dele dependentes. De fato, este regime tem conseguido formar verdadeiras castas aristocráticas e, ao mesmo tempo, conseguido manter nos "excluídos" as expectativas de um amanhã, no mínimo, de classe média para todos, e com isso tem mantido a sua hegemonia política. Não sem altíssimos custos às nações subdesenvolvidas que sofrem as consequências da desleal concorrência, em tempo de globalização econômica, entre os Estados Nacionais contemporâneos.

São as contradições existentes no interior do liberalismo que vêm, não sem percalços, despertando nova consciência coletiva.

As alternativas ao modelo liberal de Estado têm sido progressivamente testadas por diversos povos do mundo e a história tem registrado avanços e retrocessos. São exemplos de "mal sucedidas" experiências alternativas, os regimes políticos autointitulados "ditaduras do proletariado", derivados de teses marxistas que impuseram a "coletivização" dos meios de produção, que fundamentalmente se resumia na sua estatização e, às vezes, de forma exagerada, estatizando toda e qualquer propriedade privada, indo muito além do que é economicamente dos seus propósitos fundamentais, que é a coletivização dos meios de produção.

As experiências de economia planificada e de regime político de partido único fracassaram com o advento da "Perestroika" (do russo: перестройка, literalmente = "reconstrução" ou "reestruturação"). Suas simbólicas derrocadas ocorreram com a histórica "Queda do Muro de Berlim". Hoje, alguns países (Cuba, China, Coréia do Norte) ainda resistem e mantém regimes chamados "comunistas", com as características aqui descritas. Tais experiências não servem mais como perspectiva para a humanidade, vivem em completo isolamento ideológico e com profundas contradições no seu interior, sobrevivendo de um brutal aparelho repressivo estatal e do mais assustador controle ideológico.

Também não são alternativas ao liberalismo as experiências de governos do Oriente Médio, centrados no fundamentalismo religioso-teocrático, pois a fé é uma questão subjetiva e não pode nunca ser imposta e nem vincular um indivíduo a uma determinada religião. Aliás, qualquer tipo de fundamentalismo, seja ele religioso, ideológico ou filosófico, tem sempre um viés autoritário e não é adequado à democracia. Como disse antes, a diversidade e o contraditório são inerentes ao regime democrático.

Como bem disse o cantor/compositor Chico Buarque de Holanda e o cubano Pablo Milanés: "*E quem garante que a história é uma carroça abandonada numa beira de estrada ou numa estação inglória? A história é um carro alegre, cheia de um povo contente que atropela indiferente todo aquele que a negue...*" (Canção Para a Unidade Latino-Americana).

Na verdade a história é uma roda viva que segue o seu curso registrando progressos e retrocessos, avanços e solavancos. Com o liberalismo não foi e não é diferente: ele nasce para viabilizar o capitalismo, que traz na sua essência o germe da concorrência, da propriedade privada e da concentração dos meios de produção e do capital financeiro nas mãos de poucos privilegiados, deixando uma imensa massa socialmente e materialmente excluída. Esta contradição "excluídos *versus* beneficiados pelo regime liberal" traz, em sua essência, a alternativa ao liberalismo: o Estado Democrático Social de Direitos, que aqui prefiro classificar como Estado de Direitos Fundamentais.

O mundo evoluído não aceita mais a igualdade formal como um fim em si mesma e clama por uma maior igualdade material – única forma vista hoje de propugnar uma duradoura paz social.

Dois grandes desafios se colocam na era pós-positivista (pós-positivismo aqui é visto não como um movimento de superação do positivismo jurídico, e sim como um meio para melhor aperfeiçoá-lo): a) a necessidade de pactuar regras de maior durabilidade que assegurem direitos fundamentais a todos; b) diminuição da discricionariedade na aplicabilidade das normas jurídicas. No primeiro caso, constitucionalizar os direitos fundamentais tem sido a forma que a sociedade encontrou para comprometer o poder constituído, o espaço político e, assim, dar força, consistência e segurança às suas conquistas. Cada comunidade política vê o rol de direitos fundamentais a partir de suas próprias necessidades. Mas, visto de modo amplificado, direitos fundamentais são todos aqueles que unificam os desejos e a cultura de toda uma sociedade politicamente organizada. No segundo caso – em se tratando de Direito interpretado – falar de valor e de uma sociedade de direitos fundamentais é dar um sentido politicamente correto à norma, fazendo do Direito um instrumento para melhorar concretamente a vida dos cidadãos.

## 11.1 OS DIREITOS FUNDAMENTAIS E A DEMOCRACIA

O constitucionalismo nascido a partir das necessidades estruturantes dos Estados Nacionais, como a carta política organizadora de várias nações, ganhou uma dimensão jurídica com o positivismo. No modelo kelseniano de formalização e hierarquização das normas do Direito, é o pacto em torno de uma Constituição que une o Direito à Política. Sem embargos, em se falando de democracia, a Constituição ganha força maior quanto maior for o seu respaldo social.

Não há uma pretensão aqui de defender a Constituição e a jurisdição constitucional como sendo a expressão da unanimidade social. Pelo contrário, trata-se de ver a Constituição como a expressão da diversidade de opiniões própria dos regimes democráticos. Mas, por outro lado, o constitucionalismo contemporâneo é sim a expressão da vontade geral. Vontade geral que não é sinônimo de unanimidade, e sim do sentimento geral da sociedade de que o pacto de convivência coletiva – uma Constituição aceita por todos – levará, valorizando o contraditório e a diversidade, à necessária convivência democrática e, consequentemente, a uma maior harmonia social.

No período pós-guerra, Constituição e Democracia são faces de uma mesma moeda: respaldam e legitimam a diversidade de opiniões e fazem do contraditório um fator motivador do necessário consenso progressivo. Esse, por sua vez, implica no equilíbrio dinâmico, fruto do processo dialético que forja a necessária unidade política na diversidade. Constituição é expressão política porque define diretrizes de condutas individuais e coletivas, limita o poder Estatal e projeta no tempo e no espaço direitos e garantias sociais. Uma Constituição amplia sua legitimidade quando consegue, a partir de referenciais passados, responder coerentemente às expectativas coletivas.

Na era do constitucionalismo democrático, pilar de sustentação dos modelos de Estados Democráticos de Direito contemporâneos, valores, desejos e perspectivas coletivas futuras são sólidas teias de unidade social. Isso quer dizer que tudo aquilo que é fundamental para o bom funcionamento da vida em sociedade deve ser parte integrante de sua carta política – a Constituição.

Esta nova fase vivida por muitos povos coloca os direitos fundamentais no centro de suas conquistas – um Direito não mais passivo, mas um Direito transformador. Nos tempos atuais, aquela estrutura de Constituição liberal voltada apenas para a garantia dos pilares estruturantes do Estado, para paz e a segurança, deixando os valores e conquistas da comunidade nas mãos de particulares, já não responde mais aos desafios dos modelos de Estados Democráticos. Nos Estados Democráticos o seu móvel é o desenvolvimento integral do ser humano na sua mais elevada dimensão.

O Estado Democrático de Direitos Fundamentais é dependente do bom funcionamento da democracia. É conhecido por todos os modos que operam o sistema democrático de poder. O contraditório e as diferenças são inerentes ao seu bom funcionamento, o que deixa o regime democrático sujeito às maiorias eventuais.

Mas, ao longo da sua trajetória, com avanços e solavancos, o seu próprio funcionamento desenvolveu 'anticorpos políticos' capazes de resistir e, em muitos casos, repelir elementos que possam propugnar retrocessos ao núcleo principal e basilar do modelo democrático: a legitimação dos direitos fundamentais como conquistas para melhorar a vida da coletividade. Isso implica, necessariamente, na constitucionalização de direitos sociais para melhorar, concretamente, a vida da sociedade e, ao mesmo tempo, propiciar a todos os cidadãos garantias contra os excessos do Estado.

Na era dos Estados Democráticos de Direitos, o indivíduo é parte da resolução e da concretização do Direito. Isso quer dizer que os direitos individuais não mais se sobrepõem aos coletivos, ao mesmo tempo em que estes só conseguem sua legitimidade quando expressam, também, as expectativas dos indivíduos membros de cada comunidade politicamente organizada. Em síntese: quando o indivíduo impõe suas condições a toda uma coletividade é autoritarismo; por outro lado, um coletivo que não leva em conta as expectativas dos seus membros não alcança a legitimidade necessária para sua subsistência.

O modelo de Estado Liberal nos moldes ditos anteriormente, aos poucos, está sendo substituído. O velho modelo de Estado mínimo (liberal, portanto!), que não responde mais aos desafios das sociedades organizadas em torno dos Estados Nacionais contemporâneos, cede espaço a nova experiência – que categorizo como sendo dos direitos fundamentais constitucionalizados.

Não se trata aqui de defender uma ruptura com o velho modelo de Democracia Liberal, e sim de um reconhecimento de que a assertiva de modelo de Estado mínimo e a supervalorização do mercado como principal regulador das relações de interesse existentes em uma sociedade já não respondem mais aos desafios dos tempos atuais e vindouros. Assim, necessário se faz reconhecer que, mesmo que os mais conservadores não queiram, a "Era dos Direitos Fundamentais Constitucionalizados" é uma realidade que se impõe. Fazer da Carta Política de um Estado a expressão das conquistas de sua gente é, de fato, fazer valer a vontade geral de uma sociedade politicamente organizada. A Constituição brasileira de 1988 é o principal exemplo deste novo dinamismo social.

O Direito em uma sociedade democrática não é uma ciência estática. Trata-se de um processo interativo onde os indivíduos, a coletividade e a Política se integram para formular o seu modelo de organização, cujos instrumentos para tal feito são normas jurídicas postas, dirigidas pelo Estado e colocadas à disposição de todos. Isso quer dizer: a origem da norma é, quase sempre, uma decisão originária no campo da Política; uma vez a norma elaborada e aprovada, adentrando o ordenamento jurídico pátrio, pode-se considerar uma norma válida passível de aplicabilidade – a depender de circunstâncias e fatos. Mas a sua codificação é apenas uma formalização, nada mais, pois o Direito só se concretiza no momento em que a norma jurídica se coloca diante de circunstâncias fáticas. Dito de outro modo: é a hermenêutica que dá eficácia às normas jurídicas.

## 11.2 CONSIDERAÇÕES PÓS-POSITIVISTAS

Constata-se que na era contemporânea a ciência jurídica se expressa no Direito positivo, isto é, nas normas jurídicas postas em diversas constituições dos Estados Nacionais. As Constituições legitimam ordenamentos complementares e ordinários infraconstitucionais organizados em códigos diversos ou em legislações esparsas. A ciência do Direito é o Direito posto. Assim, pode-se afirmar que este é o século do Direito positivo.

Significa constatar que as conquistas sociais, quase sempre, se expressam em complexos ordenamentos jurídicos que, nas democracias contemporâneas, se justificam pela sua interação e integração com a história de cada povo, seus costumes, sua cultura e suas necessidades objetivas.

No período recente vem se legitimando entre os operadores do Direito a corrente de doutrinadores denominada pós-positivista. A essência deste pensamento é a valorização dos princípios como parte integrante e fundamental de qualquer ordenamento jurídico. Atentos, todos que reconhecem o valor dado aos princípios nos ordenamentos jurídicos contemporâneos, não podem ultrapassar o limite da razoabilidade.

Neste sentido, transcrevo aqui o alerta feito por Humberto Ávila, que assim se posiciona: "É até mesmo plausível afirmar que a doutrina constitucional vive, hoje, a euforia do que se convencionou chamar de Estado Principiológico. Importa ressaltar, no entanto, que notáveis exceções confirmam a regra que a euforia do novo terminou por acarretar alguns exageros e problemas teóricos que têm inibido a própria efetividade do ordenamento jurídico"[97]. Portanto, não se trata de ver os princípios como uma panaceia; trata-se, tão somente de reconhecê-los como parte integrante e interativa de um sistema normativo.

Em termos etimológicos, a palavra "princípio" tem sua origem no latim (principiun ou principii) que nos remete à ideia de ponto de partida, início, origem ou base. Celso Antônio Bandeira de Mello define o princípio como "*mandamento nuclear de um sistema, verdadeiro alicerce dele ou ainda disposição fundamental que se irradia sobre diferentes normas, compondo-lhes o espírito e servindo de critério para sua exata compreensão e inteligência, exatamente por definir a lógica e a racionalidade do sistema normativo, no que lhe confere tônico e dá sentido harmônico*"[98].

Norma jurídica é concebida majoritariamente pelos operadores do Direito como sendo uma composição de princípios e regras. São

---

[97] ÁVILA, Humberto. *Teoria dos Princípios*. São Paulo: Malheiros, 2010, p. 23.

[98] MELLO, Celso Antônio Bandeira de. *Curso de Direito Administrativo*. São Paulo: Malheiros, 1996, p. 545.

diversas as teorias que buscam precisar uma diferenciação entre princípios e regras. Neste livro, o referencial adotado é o conceito defendido pelo alemão Robert Alexy, que assim define:

> A base do argumento dos princípios é constituída pela distinção de regras e princípios. Regras são normas que, em caso de realização do ato, prescrevem uma consequência jurídica definitiva, ou seja, em caso de satisfação de determinados pressupostos, ordenam, proíbem ou permitem algo de forma definitiva. Por isso, podem ser designadas de forma simplificada como "mandamentos definitivos". Sua forma característica de aplicação é a subsunção. Por outro lado, os princípios são mandamentos de otimização. Como tais, são normas que ordenam que algo seja realizado em máxima medida relativamente às possibilidades reais jurídicas. Isso significa que elas podem ser realizadas em diversos graus e que a medida exigida de sua realização depende não somente das possibilidades reais, mas também das possibilidades jurídicas. As possibilidades jurídicas da realização de um princípio são determinadas não só por regras, como também, essencialmente, por princípios opostos. Isso implica que os princípios sejam suscetíveis e carentes de ponderação. A ponderação é a forma característica da aplicação dos princípios, suscetíveis e carentes de ponderação.[99]

No dicionário jurídico, "subsunção" é a ação ou efeito de subsumir, isto é, incluir (alguma coisa) em algo maior, mais amplo. Como definição jurídica, configura-se a subsunção quando o caso concreto se enquadra na norma legal em abstrato.

"Subsunção" é a adequação de uma conduta ou fato concreto (norma-fato) à norma jurídica (norma-tipo). A margem de generalização de valores é restrita ao evento jurídico concreto e são as circunstâncias fáticas que determinam o modo, os ajustes necessários e as consequências decorrentes da aplicabilidade da regra. As regras apenas descrevem comportamentos. É a sua interpretação que projeta os ajustes à realidade concreta.

---

[99] ALEXY, Robert. *Conceito e Validade do Direito*. São Paulo: Martins Fontes, 2009, p. 85.

Quando uma regra jurídica se encaixa perfeitamente em uma situação fática não há o que se discutir: aplica-se a regra. No entanto, nem sempre é possível encontrar a resolução cabível regra/fato sem que a questão valorativa esteja presente. As circunstâncias fáticas podem exigir do julgador elementos complementares para a resolução do caso concreto. É aí que ganham importância os princípios.

Como o próprio Alexy afirma, princípios são mandamentos de otimização. Otimizar significa: ocasionar circunstâncias mais proveitosas para retirar o que há de melhor de algo. Pode ganhar um sentido de aprimoramento ou de potencializar os efeitos de algum ato. No caso das normas jurídicas o sentido dado por Alexy, que conta com a concordância deste trabalho, tem um sentido específico: o de buscar amplificar as possibilidades jurídicas para além do objeto concreto. Neste caso, o apelo aos princípios na solução do caso concreto só se justifica quando a regra do Direito (lei) não se encaixar, de nenhum modo, e não solucionar a demanda jurídica concreta. Aí sim, justificaria o sopesamento de princípios para encontrar as melhores e mais adequadas soluções para as demandas jurídicas objetivas.

Não se trata, apenas, de estabelecer uma relação estrita norma-fato, em um viés meramente positivista. Trata-se, sim, de um meio amplificador de possibilidades jurídicas, de modo que a interpretação de um comando legal possa absorver todos os elementos circunstanciais e não se ater apenas ao fato em si, e sim de buscar os elementos envoltórios para compor uma solução adequada para um determinado evento jurídico.

A realização dos princípios nem sempre acontece em perspectiva complementar. Pode se dar por meio de princípios opostos, daí a necessidade de sopesamento e, neste caso, os princípios são carentes de ponderação. É aí que, sem desprezar a importância do positivismo científico, as normas jurídicas, na sua aplicabilidade, ganham um incremento axiológico necessário.

Trata-se, portanto, da superação do radicalismo positivista, com os devidos cuidados, pois mediar normas, fatos e razões valorativas pode levar a um aprofundamento ainda maior da propalada discricionariedade interpretativa das normas do Direito.

A realidade fática, mesmo em se tratando de uma mesma matéria jurídica, nem sempre se repete com as mesmas características. O tempo decorrido, circunstâncias, dimensão do fato e tipo de agentes envolvidos, elevam o grau de subjetividade interpretativa do julgador. Portanto, em se tratando de aplicabilidade, os de princípios não substituem as normas positivas. Como bem escreve Alexy, a subsunção da norma vem sempre em primeiro plano no pragmatismo jurídico.

Aliás, Norberto Bobbio escreveu na sua obra "A Filosofia e a Política" que:

> A conduta que precisa ser justificada é a que não se conforma com as regras. A observância à norma – ou seja, a conduta moral – não exige justificação. A necessidade de justificação surge quando o ato viola ou parece violar as normas sociais geralmente aceitas, não importa se elas são morais, jurídicas ou consuetudinárias. A obediência não precisa ser justificada, mas a desobediência sim – se se considera que tem algum valor moral. A presença em alguma reunião obrigatória não precisa ser justificada, mas sim a ausência. Em geral, não há necessidade de justificar o ato regular e normal; mas é necessário proporcionar uma justificação, para protegê-los, ao ato que peca por excesso ou por defeito.[100]

Transcrevi acima um fragmento do pensamento deste jurista italiano para ilustrar a dificuldade real que se apresenta quando nos deparamos com qualquer situação fática carente de uma justificação decorrente de violação de normas jurídicas postas por fontes legitimadas ou normas consuetudinárias assimiladas pela coletividade. Por mais que se esforce para separar o juízo de fato do juízo de valor – papel atribuído à ciência pura do Direito –, o mundo vivido acaba impondo seu próprio dinamismo e estabelece, independente de vontades, a confusão entre os

---

[100] BOBBIO, Norberto. *O Filósofo e a Política.* Rio de Janeiro: Contraponto, 2003, p. 163.

dois conceitos. Daí concluir-se que, por mais complexo que seja o dilema jurídico posto frente à realidade, o sopesamento dos princípios é que vai possibilitar as soluções adequadas àquelas situações fáticas em que as regras não dão conta, porque é ele que estabelece uma conexão ou um vaso comunicante entre o juízo de fato e o juízo de valor. Mas, sempre com ponderação para não potencializar, ainda mais, sem nenhum controle, o enorme poder discricionário do juiz.

Ressalvo aquilo que aqui se chamou de "*euforia principiológica*" e dou a esta ressalva o seu devido apreço, pois como disse antes, não se deve ver nos princípios o remédio para todos os males. Sem dúvida, os princípios, entendidos no seu conceito jurídico como "*mandamento nuclear de um sistema*", trazem em si elementos conectivos valorativos que ajudam nas soluções das complexas demandas jurídicas que se apresentam no cotidiano, cujas regras (leis positivadas) não oferecem equações adequadas.

Por fim, retomando o que preguei na apresentação desta obra finalizo-a com uma provocação:

Um magistrado, sendo um cidadão como qualquer outro, está sujeito às influências conjunturais e ideológicas do seu tempo a ponto de comprometer a necessária neutralidade judicial?

# Capítulo XII

# AMPLIANDO O DEBATE

Introduzo a seguir dois novos textos neste novo Capítulo da 2ª edição para discutir temas de relevância histórica, em face de um fenômeno em debate no mundo inteiro: a crise de legitimidade política por que passam as democracias na atualidade. Embora me atenha ao cenário brasileiro em particular, será possível detectar nos textos nuances do que ocorre em escala global, o que confere às formulações neles contidas sentido de atualidade, discussão e possibilidades de revisão futura.

## 12.1 VIVER EM SOCIEDADE: COMPOSIÇÃO DE INTERESSES

Viver em sociedade, necessidade que os humanos descobriram há milhares de anos, nunca deixou de ser um desafio. Na verdade, a questão fundamental que está por trás desta peleja é a dificuldade de compor interesses objetivos e desejos subjetivos dos indivíduos com as prementes necessidades de harmonia para viabilizar uma melhor convivência em sociedade. No fundo, trata-se do desafio de compor o "eu e o nós", o que implica no tipo de liberdade possível para um convívio social saudável.

Não fossem os interesses materiais diversificados, os diferentes desejos subjetivos e as diferenças de caráter entre os humanos, não haveria necessidade de se padronizar regras de comportamento imperativas. Dito em outros termos: são as dificuldades dos humanos viverem em harmonia de forma natural que forçam o surgimento de normas de comportamento padronizadas – o Direito.

Então, é possível concluir que, mesmo consciente de que a vida em sociedade é facilitadora de maior felicidade para os indivíduos, é pela incapacidade de autogovernar-se que estes buscam formas de organização capazes de melhorar a vida em sociedade. E a forma encontrada para sua viabilidade foi este ente abstrato que a evolução cultural deu o nome de Estado. O fato é que nos tempos contemporâneos, parafraseando o absolutista Thomas Hobbes, o Estado ganhou a dimensão de um grande "Leviatã" – o monstro que através de seus tentáculos se faz presente na vida de todos.

Um território delimitado, um povo com significativa identidade histórico-cultural, autodeterminação, soberania e uma ordem jurídica interna que estabelece um padrão de convivência: estes são os elementos que conformam os Estados contemporâneos. E não há organização estatal que sobreviva sem um forte aparato repressivo, sem um sólido ordenamento jurídico conhecido e aceito por uma ampla maioria dos seus membros e sem um padrão moral fruto de costumes consolidados no tempo.

Ao longo da história, o aparato estatal tem se colocado na vida das pessoas ora como estorvo, ora como solução. Estorvo quando os responsáveis pela sua condução se utilizam do aparelho repressivo e de controle para impor vontades alheias aos interesses da coletividade. Por exemplo, quando cerceiam liberdades, criam castas privilegiadas, protegem poderosos interesses, incentivam discriminações raciais, religiosas, sexuais, de classes sociais, enfim, fazem do Estado um instrumento para a satisfação de alguns.

Mas o Estado pode servir aos interesses coletivos: quando distribui saber sem preconceitos, fomenta a distribuição de renda, promove a harmonia social respeitando as diferenças e constrói padrões de convivência centrados na solidariedade e na fraternidade entre os humanos.

Como se vê, o aparato do Estado poderá ser conduzindo para servir a todos sem discriminação ou para uma casta de privilegiados servir-se dele. Em linhas gerais, ressalvadas certas especificidades, domar o Estado em favor da maioria de seus membros tem sido o desafio da humanidade.

Por onde se ande ou em cada ação individual ou coletiva, o Estado sempre estará presente: os limites de velocidade em ruas e estradas, as placas permissivas ou proibitivas que organizam o tráfego de carros e pedestres, as relações entre empregado e empregador, vendedor e consumidor, contrato de compra e venda, a cobrança de tributos, a classificação de modalidades de crimes e suas punições, enfim, nada acontece na sociedade sem a supervisão ou interferência direta do Estado através das normas jurídicas. Como se vê, todos os assuntos acima citados e tantos outros aqui não explicitados concretizam-se respaldados por um ordenamento jurídico positivo.

Como disse antes, em uma sociedade de diferenças, contradições e competições, somente um pacto de convivência centrado em normas previamente estabelecidas é capaz de parametrizar uma convivência aceitável. Mas não se trata de um Direito alienígena ou imposto. Na verdade, para ser legítimo, um ordenamento jurídico deve expressar os valores históricos e culturais, bem como o equilíbrio de forças presentes nas disputas inerentes às relações sociais.

O Direito nem sempre está próximo daqueles a quem se dirige ou deveria se dirigir. Vista pelo olhar de muitos doutrinadores, a ciência jurídica parece ser autossuficiente, possuir um valor em si, descolada das disputas reais presentes no seio da sociedade. Até mesmo os seus códigos linguísticos – rebuscados e com erudição exageradas – fazem com que esta ciência se distancie ainda mais do seu principal destinatário – o povo. Este jeito de ver o Direito não combina com os modelos de democracia contemporâneos.

Quando se fala em Estado Democrático de Direito, falamos de um tipo de Direito construído na diversidade e no contraditório, um Direito produzido no seio da sociedade, mediado com o seu acúmulo cultural, os costumes e com os reais interesses em disputa. Nesse sentido, qualquer norma resultante de uma imposição que não contar com a aceitação da sociedade, tem tempo de duração proporcional à capacidade coercitiva do Estado de impô-la. Nesse caso não se fala mais de Estado Democrático, mas em despotismo, regime político autoritário.

Por isso que falar de direitos fundamentais é falar de Estado Democrático de Direito. Neste sentido, vejo o Direito como instrumento para a construção de uma equidade possível. Este "possível" está posto aqui exatamente para evitar o excesso de exaltação do Direito como sinônimo de justiça, até porque justiça possui um conceito aberto, sujeito a valorações variáveis. Por isso que nesta obra o termo "equidade" pode ganhar significado de igualdade, simetria, retidão, imparcialidade, conformidade.

Em síntese, a depender das circunstâncias, a própria realidade imporá a melhor alternativa para a solução do caso concreto, pois o Direito se concretiza com a sua aplicabilidade. Mas uma coisa é certa: normas jurídicas que não encaminham a sociedade ao rumo da preservação de seus direitos fundamentais não servirão à equidade, portanto não poderão conformar-se no regime democrático. Aqui refiro-me a uma gama de direitos fundamentais: preservação do meio ambiente, igualdade de gênero, liberdade religiosa, direito à habitação, acesso universal à saúde e à educação, acesso universal à cultura, liberdade ideológica para organização partidária, enfim, o rol de direitos e garantias expressos no artigo 5º da Constituição brasileira.

Assim, o Direito só consegue cumprir seus objetivos evitando que as corporações, o dinheiro, o individualismo competitivo e os interesses do poder pelo poder se sobreponham à "vontade geral". Portanto, o Direito está intimamente associado à finalidade precípua do Estado, que se traduz na promoção e desenvolvimento integral do ser humano. Isso implica, definitivamente, na superação da democracia liberal de mera igualdade formal, elevando-a a um patamar superior que aqui conceituo como sendo "Estado Democrático de Direitos Fundamentais".

## 12.2 UMA NOVA LEGITIMAÇÃO POLÍTICA É POSSÍVEL?

O Brasil vive um momento de crise de legitimidade dos políticos e, por consequência, da Política. Diagnosticar as causas da falência do modelo político que conduziu a disputa pelo poder no período pós-ditadura é condição básica para fincar novos pilares capazes de solidificar a democracia em nosso País.

Imaginar soluções sem a Política é projetar a barbárie e incentivar a força, ou seja, um governo autoritário como alternativa. Neste texto, de partida, deixo claro: a saída é pela Política e em um regime democrático.

Primeiramente, é preciso apontar que o Estado Democrático de Direito não se coaduna com o pragmatismo sem princípios. Esta é uma questão fundamental. Paradoxalmente, os brasileiros vivem o mais longo período democrático de sua história sem que essa experiência tenha engendrado parâmetros programáticos consolidados.

Pelo contrário, uma onda avassaladora do "salve-se quem puder" guiou a prática política nos vários cenários de disputa pelo poder. Imaginar tal situação no campo do liberalismo à moda brasileira é justificável, pois no Brasil os "liberais" nunca se pautaram na Política, por programas bem definidos, capazes de convencer a maioria da sociedade dos seus intentos.

O período pós-ditadura deu origem ou consolidou partidos "liberais" que, embora à direita do espectro político, sempre garantiram sua sobrevivência por meio da máquina do Estado. Desde a redemocratização, esses partidos formaram um campo de poder que se aliou a governos de centro e de centro-direita, mas que também foi determinante para garantir a governabilidade no período em que a esquerda governou o Brasil.

A esquerda, que dirigiu o Brasil por longos 14 anos, não fugiu à regra do pragmatismo sem princípios. Se é verdade que os ganhos sociais, a diminuição da pobreza, a democratização do acesso à educação, entre outros, foram marcas importantes da nossa história recente, no campo da Política os instrumentos utilizados pela esquerda para a condução do poder repetiram as mesmas práticas do chamado campo "liberal".

Convenhamos que 14 anos foi tempo suficiente para uma estratégia de construção de uma nova hegemonia política para o País. Dava para ter consolidado um bloco de forças centrado em um programa de desenvolvimento estratégico para a nação. Era isso que se esperava das forças da esquerda democrática no governo, mas não foi o que aconteceu. É fato inegável como a luz do dia.

No fundo, a grande polarização – entre as teses liberais do individualismo como mecanismo impulsionador do desenvolvimento e do mercado como solução para todas as desavenças sociais e a construção de um "Estado de Bem Estar Social" – nunca foi claramente explicitada para a sociedade. Muito menos teve como consequência a construção de um campo com afinidade capaz de, em um processo de politização do povo, consolidar um novo projeto de desenvolvimento econômico centrado no ser humano e na cidadania.

A confusão político-ideológica resultante desse processo de erros de condução política e de alianças de ocasião contribuiu em muito para a sobrevida das legendas pragmáticas, que se proliferaram como ajuntamento de políticos que fazem de suas ambições pessoais a essência de sua atuação cotidiana.

O cenário da disputa política, como ares de permanência no tempo, no caso brasileiro, aponta para a necessidade de uma maior clareza programática, se quisermos fortalecer o Estado Democrático de Direito. Vejo com bons olhos a forma explícita como estão se organizando os diversos campos em disputa, pois somente programas de governo explícitos levarão a população a uma escolha do melhor modelo de Estado e de sociedade.

O núcleo de poder que assumiu o controle do Estado em 2016 – com suas reformas e o desmonte do Estado – delineou de maneira clara sua escolha por um projeto liberal onde o mercado é o único condutor do desenvolvimento e da Política.

Por sua vez, o nacionalismo de direita que, queiramos ou não, está presente na sociedade brasileira, criou coragem e se organizou em candidaturas que expressam uma visão de Estado autoritário, tendo como espelho as antigas práticas da ditadura (força e coação como sinônimo de "ordem").

A esquerda democrática, cuja experiência de governança o Brasil experimentou recentemente, mesmo atingida por um pragmatismo sem princípios que a levou a práticas morais questionáveis, continua viva e com capacidade de se contrapor aos projetos da direita autoritária e dos "liberais" brasileiros.

Vale uma observação importante no caso da "esquerda democrática": forças progressistas tidas por setores conservadores como de "esquerda radical" encontram-se em um nível de fragmentação e de distanciamento do povo e não se colocam como alternativa de poder real. Esse é um dilema histórico que os blocos da "esquerda democrática" talvez ainda não consigam resolver para as próximas disputas de poder.

Diante desse cenário complexo, o grande desafio para os defensores de um Estado Democrático de Direitos Fundamentais – ou de Bem Estar Social – é enfrentar especialmente a ditadura do mercado financeiro como única solução e apresentar à nação outro caminho. Seu norte seria a preservação e o avanço das conquistas sociais, combinado com o desenvolvimento econômico centrado em investimentos em infraestrutura voltados para os interesses da maioria.

Um processo de legitimação política capaz de consolidar a democracia no Brasil passa pela formação de um bloco político programático. Qualquer tentativa de recomposição com as antigas forças ou a aposta na conquista do poder centrada no mero carisma pessoal não resultarão em um pacto politicamente consistente. E, muito menos, darão garantia à sustentação de um novo projeto nacional direcionado aos que efetivamente precisam da atenção do aparelho de Estado.

O jogo está sendo jogado, o Estado brasileiro segue em disputa e a população – descrente de quase tudo – segue na expectativa de um projeto que melhore sua vida.

A história costuma registrar que, em momentos de vácuo político ou de acentuada polarização, como ocorre atualmente no Brasil, e na falta de perspectiva programática, a população costuma simplificar suas escolhas e pode até optar por "salvadores da pátria". Isso significa que há riscos de se repetirem experiências do passado, quando o autoritarismo se consolidou como alternativa de poder (vide a Alemanha nazista, a Itália fascista, a Rússia stalinista, a Espanha franquista etc.).

Portanto, as forças verdadeiramente democráticas precisam, mesmo na divergência, perceber sua responsabilidade com o momento histórico e pensar mais na consolidação de um projeto de Estado Democrático para o Brasil e menos em seus projetos partidários e pessoais.

# REFERÊNCIAS BIBLIOGRÁFICAS

ALEXY, Robert. *Conceito e Validade do Direito*. São Paulo: Martins Fontes, 2009.

ÁVILA, Humberto. *Teoria dos Princípios*. São Paulo: Malheiros, 2010.

ARENDT, Hannah. *A Condição Humana*. Rio de Janeiro: Forense Universitária, 2009.

ARISTÓTELES. *Ética a Nicômaco*. São Paulo: Martins Fontes, 1996.

ARISTÓTELES. *A Política*. São Paulo: Martins Fontes, 2006.

BOBBIO, Norberto. *Teoria Geral da Política*. São Paulo: Campus, 2000.

BOBBIO, Norberto. *Qual Democracia?*. São Paulo: Loyola, 2009.

BOBBIO, Norberto. *Teoria do Ordenamento Jurídico*. São Paulo: Edipro, 2011.

BOBBIO, Norberto. *Direito e Poder*. São Paulo: Unesp, 2006.

BOBBIO, Norberto. *O Positivismo Jurídico. Lições de Filosofia do Direito.* São Paulo: Ícone, 1999.

BOBBIO, Norberto. *O Futuro da Democracia*. São Paulo: Paz e Terra, 2009.

BOBBIO, Norberto. *O Filósofo e a Política*. Rio de Janeiro: Contraponto, 2003.

BARROSO, Luís Roberto. *Curso de Direito Constitucional Contemporâneo*. São Paulo: Saraiva, 2013.

CAMBI, Eduardo. *Neoconstitucionalismo e Neoprocessualismo*. São Paulo: Revista dos Tribunais, 2010.

CANOTILHO, José Joaquim Gomes. *Direito Constitucional e Teoria da Constituição*. Coimbra: Almedina, 2003.

COSTA, Nelson Nery. *Ciência Política*. Rio de Janeiro: Forense, 2012.

CARVALHO, Manuel Proença de. *Manual de Ciência Política e Sistemas Políticos e Constitucionais*. Lisboa: Quid Juris, 2010.

DALLARI, Dalmo de Abreu. *A Constituição na Vida dos Povos*. São Paulo: Saraiva, 2010.

DALLARI, Dalmo de Abreu. *Elementos de Teoria Geral do Estado*. São Paulo: Saraiva, 2009.

DHAL, Robert. *A Democracia e seus Críticos*. São Paulo: Martins Fontes, 2012.

DAVID, René. *Os Grandes Sistemas do Direito Contemporâneo*. São Paulo: Martins Fontes, 2002.

DELEUZE, Gilles. *Diferença e Repetição*. Lisboa: Relógio d'Água, 2000.

FILHO, João Antonio da Silva. *A Democracia e a Democracia em Norberto Bobbio*. São Paulo: Verbatim, 2014.

HABERMAS, Jürgen. *Direito e Democracia: entre factividade e validade*. Rio de Janeiro: Tempo Brasileiro, 2003.

HOBBES, Thomas. Leviatã. São Paulo: Martin Claret, 2009.

IHERING, Rudolf Von. *Questões e Estudos de Direito*. São Paulo: LZN, 2003.

KIRK, Russel. *A Política da Prudência*. São Paulo: É Realizações, 2014.

KELSEN, Hans. *Teoria Pura do Direito*. São Paulo: Martins Fontes, 1998.

KELSEN, Hans. *O Que é Justiça?*. São Paulo: Martins Fontes, 2001.

LASSALLE, Ferdinand. *O Que é uma Constituição?*. Campinas: Russel, 2011.

LOSANO, Mário G. *Os Grandes Sistemas Jurídicos*. São Paulo: Martins Fontes, 2007.

MELLO, Celso Antônio Bandeira de. *Curso de Direito Administrativo*. São Paulo: Malheiros, 2010.

NAY, Olivier. *História das Ideias Políticas*. Petrópolis: Vozes, 2007.

PACHUKANIS, Evgeni Bronislávovich. *A Teoria Geral do Direito e Marxismo*. Rio de Janeiro: Renovar, 1989.

PERELMAN, Chaim. *Ética e Direito*. São Paulo: Martins Fontes, 2005.

RAWLS, John. *Uma Teoria de Justiça*. São Paulo: Martins Fontes, 2008.

REALE, Miguel. *Teoria do Direito e do Estado*. São Paulo: Saraiva, 2000.

REALE, Miguel. *Lições Preliminares do Direito*. São Paulo: Saraiva, 2001.

ROUSSEAU, Jean-Jacques. *O Contrato Social*. São Paulo: Edipro, 2011.

SILVA, José Afonso da. *Poder Constituinte e Poder Popular*. São Paulo: Malheiros, 2007.

STRECK, Lênio Luiz. *Verdade e Consenso*. São Paulo: Saraiva, 2014.

# NOTAS

# NOTAS

# NOTAS

# NOTAS

# NOTAS

# NOTAS

A Editora Contracorrente se preocupa com todos os detalhes de suas obras!
Aos curiosos, informamos que este livro foi impresso no mês de agosto
de 2019, em papel Pólen Soft 80g, pela Gráfica Rettec.